国家社会科学基金青年项目（12CGL051）研究成果

U0505567

新移民知识人才流动的成因、路径与内在机理研究

黎春燕 李伟铭 ◎ 著

XINYIMIN ZHISHI RENCAI LIUDONG DE
CHENGYIN, LUJING YU NEIZAI JILI YANJIU

中国财经出版传媒集团

经济科学出版社
Economic Science Press

图书在版编目（CIP）数据

新移民知识人才流动的成因、路径与内在机理研究 /
黎春燕，李伟铭著．—北京：经济科学出版社，2021.8
（海南大学经济管理系列丛书）
ISBN 978 - 7 - 5218 - 2779 - 8

Ⅰ.①新…　Ⅱ.①黎…　②李…　Ⅲ.①移民问题—研
究—中国—现代　②人才流动—研究—中国　Ⅵ.①D634
②C964.2

中国版本图书馆 CIP 数据核字（2021）第 163261 号

责任编辑：李　军　谭志军
责任校对：易　超
责任印制：范　艳

新移民知识人才流动的成因、路径与内在机理研究
黎春燕　李伟铭　著
经济科学出版社出版、发行　新华书店经销
社址：北京市海淀区阜成路甲 28 号　邮编：100142
总编部电话：010 - 88191217　发行部电话：010 - 88191522
网址：www. esp. com. cn
电子邮箱：esp@ esp. com. cn
天猫网店：经济科学出版社旗舰店
网址：http://jjkxcbs. tmall. com
北京季蜂印刷有限公司印装
787 × 1092　16 开　9.25 印张　200000 字
2021 年 10 月第 1 版　2021 年 10 月第 1 次印刷
ISBN 978 - 7 - 5218 - 2779 - 8　定价：46.00 元
（图书出现印装问题，本社负责调换。电话：010 - 88191510）
（版权所有　侵权必究　打击盗版　举报热线：010 - 88191661
QQ：2242791300　营销中心电话：010 - 88191537
电子邮箱：dbts@ esp. com. cn）

前　言

自 1978 年改革开放以来，经济和科技的高速发展催生了巨大的劳动力市场，而信息、交通的日益发达，也让越来越多的人主动选择了"背井离乡"，如今这已经成为一种极为普遍的现象。随着我国城市化进程的推进，人才流动已成为城市化进程中的特殊群体——拥有高等教育学历的人才，主要从事脑力性、技术性专业工作。这一群体主要是大学毕业生和留学回国人员，他们离开了原生地，移居到新的城市并成为城市的新主人，对移居地的经济与社会发展做出了巨大的贡献。

然而，新移民知识人才这一群体在城市生活和工作的过程中，尽管物质生活水平有所提高，但他们却在新的环境中，被工作压力、人际关系、经济收入、文化冲突等各种组织问题所困扰；被房价高、看病难、孩子入学难等各种社会问题所羁绊。他们在新城市中体验到了快乐、成就和人生价值，也体验着压抑、紧张、困惑等负面情绪，他们在不断地衡量他们的人生价值。一方面，每天都有大批的新移民知识人才奔向心仪已久的大都市；另一方面，又出现了新移民知识人才离开北上广的人才流动新现象。

针对这一社会热点，本书系统梳理人才流动相关理论，从个体、组织、社会三个层次，以立体视角对新移民知识人才流动问题展开研究。本书首先以深度访谈等定性方法对我国新移民知识人才流动的案例、理论和模型展开研究，对现有理论进行补充和扩展；然后通过问卷调查、统计分析等定量方法对我国新移民知识人才的跨区域流动问题进行实证研究，进而深层次揭示我国城市化进程中新移民知识人才流动倾向影响的复杂作用机制，发展了新移民知识人才的人才流动管理相关理论。为政府相关部门制定符合社会发展规律的新移民知识人才管理政策和构建和谐社会提供科学的依据，并为企业提高新移民知识人才管理能力，建立有效的新移民知识人才流失防范机制提供理论支持与参考。

黎春燕

于海南大学东坡湖畔

目　　录

第1章

导　论

古语云："背井离乡，卧雪眠霜"，释义为睡卧在霜雪之上，意味着离开家乡到外地去，承受很多的痛苦，遭受很多的苦难。在我国的传统观念中，背井离乡是不推荐的，一般是在迫不得已的情况下才会选择的一条生存之路。然而，自1978年改革开放以来，经济和科技的高速发展催生了巨大的劳动力市场，加之信息、交通的日益发达，也让越来越多的人主动选择了"背井离乡"。如今这已经成为一种极为普遍的现象。随着我国城市化进程的推进，近年来，人才流动已成为常态。

1.1　研究背景

随着我国高校扩招的实施，拥有大专以上学历的新移民知识人才数量激增，在流动人口群体中所占比重也越来越大。全国高校每年有几百万的应届毕业生和几十万的归国留学人员，在毕业后因为就业、创业而选择在城市就业、生活和定居，也有数以万计的往届大学生由于工作调动、跳槽、购房等种种原因从一个城市迁移到另外一个城市。流动人口整体素质逐年获得显著提升，人口流动转变成为人才流动。越来越多的大城市，尤其是北上广深（北京、上海、广州、深圳）成为流动人口密集的典型，成为迁移选择的目的地。

新移民知识人才在移居城市中工作和居住，他们不仅接受过高等教育，而且具备高丰富的专业知识，他们大多数是从事技术性的脑力工作者，通常被社会称为"白领"。他们离开了生长的地方并成为新城市的主人。他们对移居地的经济与社会发展做出了巨大的贡献，成为区域发展的主要力量之一，对国家实施人才强国和创新型国家战略起到关键作用。然而，新移民知识人才这一群体在城市生活和工作的过程中，尽管物质生活水平有所提高，但他们却在新的环境中，被来自工作内的工作压力、人际关系、经济收入等各种组织问题所困扰；被来自工作外的亲情关系、社会融合、文化冲突等各种社会问题所羁绊。"逃离北上广"的呼声也不胫而走甚至越来越高，一线城市不再是新移民知识人才的最佳选择。他们在新城市中体验到了快乐和成就，也体验着压抑、紧张、困惑等负面情绪，他们在不断地衡量他们的人生价值。在求职者人均投递简历最多的前十

1

名城市中，新的一线城市天津、杭州、武汉、成都、西安、郑州等都榜上有名。不过，从简历投递量的排名来看，北上广深依然位列前茅。

新移民知识人才已经成为高度流动的特殊群体。一方面，每天都有大批的新移民知识人才奔向心仪已久的大都市；另一方面，又出现了新移民知识人才离开北上广深一线城市的人才流动新现象。新移民知识人才为何在不同的组织和地区流动？是幸福感还是经济收入？是消极情绪调节还是其他因素？他们究竟在为追寻什么而流动？这些问题直接影响到微观层面上的企业核心竞争能力的保持和宏观层面上国家创新型战略的实现，成为本书的源起和落脚点。

1.2 研究意义

1.2.1 理论意义

伴随着我国工业化、城市化而产生的人口向城市的大规模迁移现象，有关人才流动问题成为国内社会学关注的一个重要议题。本研究将为补充新移民知识人才相关研究成果，发展新移民知识人才流动的相关理论方面提供全新研究视角和实证研究证据。具体而言，本研究的理论意义包括：

1. 补充新移民知识人才相关研究成果

伴随着我国工业化、城市化而产生的人口向城市的大规模迁移现象，有关人才流动问题成为国内社会学关注的一个重要议题。然而，我国多数移民研究聚焦于国际移民、农民工移民、水库移民、工程移民等特殊群体，但是对那些因大学毕业分配、工作调动、投资以及创业而集聚在大城市里的新移民知识人才的关注非常少见。直到"蚁族"①等现象的新闻热议，这一群体才慢慢进入人们视线并成为关注的焦点。纵观现有的文献研究，有关新移民知识人才的话题更多的是新闻报道，而缺乏相关的理论和实证研究。本研究着眼于新移民知识人才流动的成因、流动路径和内在机理，通过揭示工作嵌入和社会融合对新移民知识人才流动影响的复杂作用机制，发展新移民知识人才流动管理相关理论，为企业和社会有效完善新移民知识人才的流动管理提供理论支持。

2. 拓展和深化知识人才流动研究理论成果

20世纪80年代以来，管理学领域学者全面展开对人才流动的研究，探寻企业如何减少核心人才流动，从而降低因人才流动造成的企业成本、技术、经验等损失对企业的不利影响。在我国人口城市化的进程中，越来越多的新移民知识人才成为企业的核心人才，对企业的成长和竞争力形成产生重要影响。深入研究知识人才流动问题，对企业防

---

① 蚁族：指那些聚居在城中村，收入不高、工作不稳定的"高校毕业生低收入聚居群体"。

范核心知识人才流失，保持企业竞争优势显然具有重要意义。本研究从这一背景出发，整合管理学、社会学、心理学理论研究新移民知识人才流动问题，基于工作嵌入和社会融合视角，探索新移民知识人才流动的成因、路径和内在机理，这有助于深化知识人才流动的理论成果，为后续知识人才流动的相关研究提供了一个全新的视角和理论分析框架。

1.2.2 现实意义

新移民知识人才流动问题的研究将有助于深化企业对新移民知识人才流动特征、成因和流动路径的认识，从而为企业完善新移民知识人才关系管理，采取恰当的措施吸引和留住新移民知识人才，构建有效的知识人才流失防范机制，同时也有助于维护社会稳定和促进经济发展。

同时，对新移民知识人才流动的研究也将使人们改变对流动人口的认知，破除流动人口等于农民工的刻板印象，对目前劳动力市场、人才需求区域差异发生巨大改变的现象起到警示和指导作用。在新的劳动力市场环境下，对发达地区如何保证重要人才不流失，发展中地区如何吸引并留住人才，以及新移民知识人才如何选择适合移居地等问题的解答都具有极其重要的指导意义。

最后，新移民知识人才流动影响因素的研究，为政府部门制定人才政策以及进一步完善相关政策提供可靠的科学依据，从而对制定相应改革，完成国家人力资源配置的优化具有一定的政策指导意义。

1.3 研究问题与内容

1.3.1 研究问题

在梳理和总结相关理论和文献的基础上，本研究通过对中国情境下本土新移民知识人才的代表性案例研究，以及大样本问卷调查研究，探求工作嵌入对新移民知识人才流动影响的内在机理和规律性，通过对现有理论进行深化、补充和发展，以期通过深入研究获得基础性、前沿性并具有应用价值的研究结论，丰富和发展中国情境下的新移民知识人才流动管理研究理论。

依据本研究的目的，提出以下研究问题：

研究问题1：在中国的情境下，新移民知识人才具有哪些特征？新移民知识人才如何流动？哪些关键因素影响新移民知识人才的跨区域流动？以往的研究诠释了哪些规律，还需要哪些补充和发展？

研究问题2：工作嵌入对新移民知识人才的跨区域流动产生怎样的影响？这种影响

机制是直接的还是间接的？如果存在调节因素，这些因素是什么？又是如何发挥作用的？这些因素又有哪些方面（维度）对新移民知识人才的跨区域流动产生了影响？作用机制如何？

1.3.2 研究内容

根据研究问题和研究目的的需要，本研究将采取探索性案例研究和大样本问卷调查研究顺序结合的方法，围绕上述两个研究问题逐层深入展开研究。

研究内容 1：梳理国内外文献与夯实案例研究基础。首先系统地梳理了国内外相关基础理论，包括社会交换、社会认知和职业发展等理论；继而对现有工作嵌入、社会融合、消极情绪调节自我效能感和流动倾向等相关文献的研究进展和局限进行了规范分析，厘清在现有文献中所呈现的各个影响因素与人才流动之间的相互关系，以及这两者与其他相关概念之间的逻辑关系，并据此构建预设模型，作为案例研究的文献基础。

研究内容 2：实施案例研究与发展研究命题。选择多个新移民知识人才进行实地案例研究。首先采取半结构化访谈等方式收集案例数据；其次运用内容分析和归纳性分析方法对数据进行分析。以此为基础，厘清工作嵌入、社会融合、消极情绪调节自我效能感等都有哪些维度，这些变量和维度如何影响新移民知识人才跨区域流动的路径以及作用机理，并对现有研究成果进行深化、补充和丰富，进而发展新的研究命题。

研究内容 3：实施大样本问卷调查研究与检验假设。以案例研究命题为基础，吸收国内外文献的研究成果，通过理论推导和逻辑推理，厘清变量与变量之间、维度与维度之间的影响关系并提出研究假设，构建概念模型。经过问卷设计、预试、问卷修改、问卷发放和回收等步骤，收集新移民知识人才研究样本。利用社会统计分析软件 SPSS 对概念模型和研究假设所涉及的测量的信度、建构效度、维度划分以及维度之间的影响关系展开分析，以及对概念模型和研究假设所设计的变量之间的影响路径关系和作用机制展开分析。

最后，本书将在以上 3 个研究内容的基础上，对研究结果、理论贡献、管理启示以及研究局限和展望等进行总结。

1.4 技术路线与研究方法

1.4.1 技术路线

本书的研究思路如图 1 - 1 所示。我们以现实情境和国内外文献为基础，通过探索性案例研究、模型构建、问卷调查、实证检验等多个步骤，逐层深入地对新移民知识人才流动问题展开研究，并提出相应的管理建议。

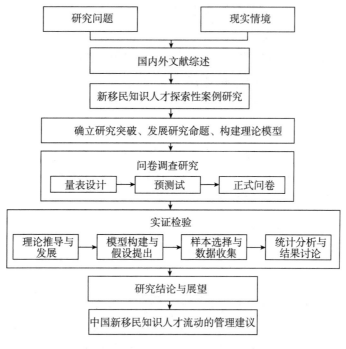

图 1 - 1 技术线路

1.4.2 研究方法

1. 深度访谈和个案研究方法

我们分组对新移民知识人才进行访谈,访谈对象来自中国人口流动密度最大的北京、上海、广州、海口等多个新移民知识人才密集的典型性和代表性的城市;访谈的主要形式为一对一、面对面的半结构化访谈;同时,对部分面谈困难的地区我们拟考虑用电话访谈的方式。访谈的重点内容包括:新移民知识人才流动的特征表现;影响新移民知识流动的关键因素;社会层面、组织层面和心理层面对新移民知识人才流动的影响;工作嵌入、社会经济融合、消极情绪调节自我效能感等各维度因子对新移民知识人才流动意愿和路径的影响作用等。综合运用内容分析、归纳性分析等方法对访谈记录的文本内容进行分析,形成和发展可靠性更强的概念维度,扩展已有的研究假设和理论命题。

2. 问卷调查方法

在正式问卷调查实施中,运用网络问卷调查方式,以解决本研究问卷发放面临的地理跨度大、规模较大等问题。结合以往项目经验,在网络调查中采取多种措施确保网络调查质量,包括发特定邀请信给调查对象、在网络问卷软件设计中加入限制 IP 地址功能、避免同一对象重复填写等。计划发放实地调查问卷或网络问卷邀请函共计 2000 份。在邀请函中提供网络调查的 Web 地址、项目说明、各模块问卷内容、工作联系方式以及小礼物赠品等。问卷的重点调查内容涵盖了新移民知识人才的个人信息、工作嵌入、社会融合、主观幸福感、消极情绪调节自我效能感、流动意愿、流动路径等多个方面。

3. 理论建模和统计分析方法

一方面，在访谈研究的基础上，对现有理论进行补充和扩展，形成研究假设，进而构建理论模型；另一方面，在问卷调查所获得的数据基础上，运用 SPSS 和 Liserl 等统计软件包对工作嵌入、社会经济融合、消极情绪调节自我效能感、流动意愿和流动路径等概念的测量与维度结构进行分析，重点检验工作嵌入、消极情绪调节自我效能感、社会经济融合对新移民知识人才流动意愿以及流动路径影响的程度、方式及差异性。主要统计检验方法包括因子分析、验证性因子分析、CITC（纠正题项与总体相关系数法）、相关分析、分层次多元回归分析以及交互影响分析等。

1.5　研究主要贡献

当前我国正处于经济转轨、社会转型的特殊历史时期，新移民知识人才是实施人才资源强国战略和扩大中等收入者比重的中坚力量。研究新移民知识人才的流动问题，直接影响到宏观层次上政府对人才流动的相关政策制定和管理，以及微观层次上企业对新移民知识人才流动管理的优化和改进。

1. 研究现代城市化进程中重要而研究不足的新兴群体——新移民知识人才

自人才流动热潮的掀起，纵观近年来有关人才问题的研究，所涌现出来的多数国内外研究聚焦于国际移民、农民工、农村劳动力、水库移民、工程移民、生态移民等领域，有关新移民知识人才的研究却非常少。新移民知识人才作为以脑力型、技术型为主的知识性人才，是大城市中新兴的特殊群体，也是现代城市经济和社会发展过程中的中坚力量。然而，我国对因毕业分配、工作调动、投资创业和留学回国而集聚在大城市里的新移民知识人才群体的关注十分有限。本研究关注到新移民知识人才对我国经济社会发展的特殊意义以及日渐凸显的过度流动问题，通过对这一特殊群体的流动成因和路径研究，深刻揭示新移民知识人才流动的内在动因、流动方向和共同规律，深化我们对这一特殊群体流动行为的理解，弥补已有研究对新移民知识人才流动的研究不足。所形成结论对政府和企业思考如何吸引和留住新移民知识人才，减少新移民知识型人才的流失具有重要的实践应用价值。

2. 从个体、组织、社会三个层次，以立体视角对新移民知识人才流动展开研究

以往的专家学者局限于从社会学、心理学或者管理学等单个研究视角来分析人口流动问题。移民问题的不断深化，需从不同的学科背景和理论视角来审视人才流动现象。根据本研究目的和研究内容的需要，从个体层次的消极情绪调节自我效能感、组织层次的工作嵌入、社会层次的社会经济融合的立体视角对新移民知识人才跨区域流动问题展开研究。本研究从个体、组织、社会这三个层次研究新移民知识人才流动的特征、成因

和机理，从而揭示新移民知识型人才流动倾向的影响机制，发展新移民知识人才的流动管理相关理论，为有效提高新移民知识人才的管理提供理论支持。

3. 以定性和定量顺序结合的研究方法，对新移民知识人才流动机制进行探索性案例和实证研究，从组织间与跨区域两个视角丰富和发展相关理论成果

从以往的研究文献来看，相关主题的研究文献多数以文献查阅和分析的理论阐释，或问卷调查、二手数据进行定量研究。尽管相关的定量研究要求从资料来源到研究程序的设计、数据的搜集与整理、检验的方法等要比理论阐释更凸显客观性，但各种理论和模型均来自西方理论，缺乏以中国新移民知识人才为对象的定性研究。因此，根据本研究的目的和内容需要，从组织间与跨区域两个视角，除了采用文献查阅、规范分析等一般性研究方法外，还以定性和定量顺序结合的研究方法展开研究。例如，以深度访谈等定性方法对我国新移民知识人才流动的案例、理论和模型展开研究，对现有理论进行补充和扩展；通过问卷调查、统计分析等对我国新移民知识人才流动问题进行实证研究，进而从深层次揭示我国城市化进程中新移民知识人才流动机制的本质特征与共同规律。再如，在数据收集上采用特定邀请信的网络问卷调查克服地理跨度大等问题。这些方法的改进都将使我们的研究根据有前沿性和探索性。

4. 深化消极情绪调节自我效能感的研究理论成果

纵观现有的文献研究，有关人才消极情绪调节自我效能感的话题更多的是新闻报道，而缺乏相关的理论和实证研究，而且研究对象比较单一地集中在学生群体，对于新移民知识人才消极情绪调节自我效能感的研究较少涉及。本书深入研究新移民知识人才的消极情绪调节自我效能感相关问题，厘清新移民知识人才流动的成因，进而发展知识人才消极情绪调节自我效能感的相关研究理论，为探索提升新移民知识人才在移居城市的留任提供理论指导。

1.6 本书的框架

本书的框架安排如图 1-2 所示。

首先，在导论部分阐明了研究背景、研究意义、研究问题与内容，论述了本书采用的技术路线与研究方法，并指出了本研究的主要贡献。其次，从中国人口流动规模、流动在全面分析我国新移民知识人才流动情境的基础上，通过理论梳理、文献总结，厘清了国内外理论观点、技术路线和研究框架；运用多案例探索性分析，结合实证研究，从新移民知识人才跨区域流动视角，构建并检验了新移民知识人才跨区域流动模型。最后，总结研究结论并提出了指导实践的管理启示。

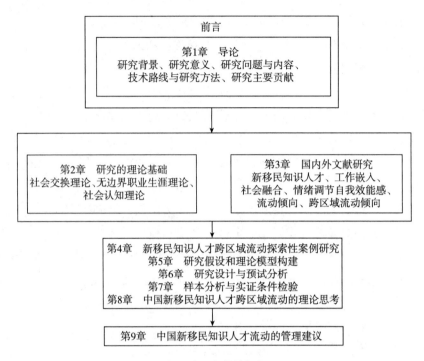

图 1 - 2   本书的框架

第2章

研究的理论基础

2.1 社会交换理论

社会交换理论可追溯至 20 世纪 50 年代，该理论提出从不同的视角研究社会行为，并采用经济学的投入与产出关系的视角。霍曼斯（Homans，1958）和布劳是该理论的主要代表人物。布劳的行为主义交换理论对霍曼斯的辩证交换理论进行了完善与发展，扩展了该理论的适用面。霍曼斯的行为主义交换理论指出，在交互的过程中会产生人际交往中的互动行为，双方都表明大家进行交换互动的基础是，具有交换价值的资源存在于双方之间，人们才有兴趣与对方进行交往和互动，以此才能创造这种社会结构，并进行社会结构的维持。社会功利行为是这种交换的观点的特点。

在霍曼斯的理论基础上，布劳发展了他的理论。他提出个体和对方的反应和行为存在于交换的过程中，两者具有一定的相关性。如果个体认为他的预期价值不能顺利实现，则个体不会与对方进行交换。他还认为，交换的产生必须满足两个条件：一是个体必须要和其他人进行互动，才能实现想要达到的目标；二是若想实现目标，必须想方设法找到手段。布劳把组织中的交换关系分为经济交换和社会交换。前者具有短期性的特点，会分析交换行为产生影响的收益与成本，并关注收益；后者具有长期性的特点，在以善意和信任为基础的前提下，个体更多关注的是长时间的预期回报。布劳指出，社会性交换产生的是个人责任、感恩和信任等情感，而如果是纯粹停留在经济性交换，那么关注的大多是收益和成本，具有功利性。

学术界对社会交换理论也进行了不断丰富和完善。社会交换观念指出，个体与他人是为了达到某种目的才会建立关系的，否则就没有必要建立，个体关注个体利益的最大化，但也会在以后的某个时间段报答和感恩曾经帮助过自己的人。人才在工作的场合中会同他的直接领导和同级之间等形成一种更加错综复杂的社会交换关系。马斯特森（Masterson，2000）、路易斯（Lewis，2000）等的研究表明，在工作环境中，人才很可能会形成两种类型的社会交换关系：一种被研究者称为领导—成员交换（迪内施和利登，Dienesch & Liden，1986；辉和格里安，Hui & Grian，1997），这种关系在人才和其直接领导之间存在；另一种关系是存在于人才和其所工作单位之间的组织支持（Eisen-berger，2002）。

2.2 无边界职业生涯理论

亚瑟（Arthur）在 1994 年发现了无边界职业生涯的概念，他提到个体想要从雇主那里得到一份终身制的工作变得越来越困难，而个体想要实现自己的职业目标则必须在不同的组织间工作，所以职业流动将成为一个普遍的现象。无边界的职业生涯可以分为自愿与非自愿两种情况，前者是指个体通过主动离开现有的组织而后加入另一个新组织。无边界的职业生涯下职业成功的标准不同于传统的职业生涯成功的判定标准，它更加重视个人在市场上的个体竞争力。个体的内部市场竞争力主要体现在组织内部，它使人才个体的职业在组织里发展顺利，同时也减少了人才被组织解聘的机会。此外，人才市场中个体重新搜寻工作的难易程度通过个体的外部市场竞争力来表现。无边界的职业生涯下职业成功的另外一个判断标准是心理上的成功。人才越来越强调自身价值的实现，自身能力的提高便成为人才追逐成功的关键要素。无边界即组织边界的消失，且该组织边界对个人的职业生涯发展产生了重大影响，职业边界虽发生了变化，但依然存在边界。霍尔（Hall，2004）认为，易变性的职业生涯在人才个体间发生，人才将不断地在不同的组织间变换工作。企业想将优秀的人才保留在组织里，所采取的管理措施不仅是要对企业雇员忠诚，还要打造一个学习型的组织，对人才的工作岗位进行重新设计和构建一个人才自我职业生涯管理的体系。

2.3 社会认知理论

美国心理学家班杜拉（Bandura）在 20 世纪 70 年代将研究的重心聚焦于人的主观意识，形成了一个新的理论体系，即社会认知理论。该理论区别于传统的行为主义人格理论，在他的理论里创造性地提出了认知成分。社会认知理论的内容主要包括相互决定论（或三元交互决定论）、观察学习和自我效能感三个方面。（1）相互决定论：一直以来存在着个人决定论和环境决定论两种决定论。个人决定论强调个体的内部心理因素会调节和控制人们的行为，而环境决定论则认为环境等外部因素会控制人的行为。班杜拉（1986）的相互决定论批判了以上两种决定论，从全新的角度解释了人类个体同行为和环境的关系，提出了认知性因素能够改变人的行为，认为个体、行为和环境三者之间会相互影响和相互作用。从相互决定论的构建模型来看，个体的主体因素引导并支配着他们的行为，而根据他们行为的反馈和行为的结果又会作用于个体的信念和情绪等主体因素。另外，外部环境等因素会影响人的行为发生的方向和发展的强度，而人们为了适应个体的需要，也会采取行动去改变外部的环境。此外，在人与环境之间，不仅是环境决定人，而且人也决定环境。（2）观察学习：认为人们可以通过模仿他人的动作以及学习他人的语言，从而形成相应的态度和人格，而这一切的改变都是通过对他人的观察来完成的。班杜拉认为，学习的产生归因于观察，人们会认知和加工在观察过程中收集到的行为信息，接着编码和储存这些以心象形式或语义形式的符号表征，在一定的条件下如果产生刺激，人们的行为就受到这一内部指南的指引。（3）自我效能感：班杜拉于 1977 年提出了自我效能感的概念，是指当组织交代个体去完成一项特定的任务时，个体对于自己能否顺利这项工作所表现出来的心理上的自信程度。它受到外在环境、其他自律机制和个人能力、经验、成就表现等方面的综合影响。自我效能感强的个体在执行任务遇到不如意时总是充满自信，不断努力想方设法去战胜困难，自我效能也在这个过程中不断提高，相反，自我效能感弱的人在遇到困难时态度消极，选择逃避和放弃。班杜拉（1982）以及伊格巴利亚和伊瓦里（Igbaria & Iivari, 1995）认为，自我效能感在影响个人动机和行为方面发挥了重要的作用，自我效能高的人更有可能表现出相关的有效行为。

第 3 章

国内外文献研究

3.1 新移民知识人才

3.1.1 新移民知识人才的研究综述

我国学术界对中国人才流动问题经历的阶段总结如下：研究初始阶段（1980～1990年），这个阶段的研究活动主要是中国社科院农村发展研究所于 1987 年对我国上万名外出务工人员展开的大规模调查。这个阶段研究的劳动力流动问题一般性调查研究，处于感性的研究阶段。研究高峰阶段（1993～1995 年），这一时期的研究的活动是在政府部门的大力支持下，对改革开放以来出现的各类社会问题进行大量的大型调查。研究的深化阶段（1996 年至今），主要研究内容包括对全国或地区性人口迁移进行综合性研究，对流动人口、暂住人口及农民工的研究，以及城市自由移民和政策性移民的专题研究。从以往的研究文献来看，我国移民研究的地域主要集中在福建、广东、浙江的新移民，研究对象也主要聚焦在知识人才、务农人员、婚姻迁移人员等。此外，针对研究视角，廉思（2013）等学者指出，国内对移民问题的研究大多集中在从社会学的视角以某个地区为案例来研究，另外还有比较多的研究成果聚焦在社会认同、心理归属、公民权利与法律保障等方面。鲜有研究从管理学的视角分析移民问题，而黎春燕和李伟铭（2013）也只是在理论层面上阐述了组织嵌入对新移民知识人才跨区域流动的影响。研究表明，基于人际关系、移居地工作时间和社会资本积累的联结，个人与工作、个人与团队、个人与组织的匹配度以及与工作直接相关或无直接相关的牺牲，都会影响新移民知识人才的组织嵌入水平和他们流动到其他地区工作的意愿。

3.1.2 新移民知识人才的概念

社会上早已出现新移民知识人才这一群体，目前学术界对于新移民知识人才的定义还没有形成一致的意见。许多学者对新移民和城市新移民的定义进行了较多的关注和思考，这对新移民知识人才核心概念的界定有积极的意义。李景治和熊光清（2006）将新移民分成两个类型，分类的依据是他们是否取得居住地户籍：第一类是从外地迁入，在移居城市长期生活、有相对稳定的住房，并取得了迁入地户籍的居民；第二类是事实上的新移民，因为他们还没有取得迁入地户籍，区别于没有定居意愿的流动人口。景志铮和郭虹（2007）把新移民认定为在 20 世纪 80 年代以后流入到城市的农村人口，他们在移居城市务工、经商和从事各种社会服务活动。童星（2008）认为，新移民指的是中国改革开放以来，那些为了能够实现长时间在移居城市居住的目标，自己或家庭采取了正式或非正式两种途径进行区域性迁移，并已在迁入地获得相对稳定的工作和住所的群体。主要包括三个类型：一是农民工，他们是拥有农村户籍的原农村居民；二是来自其他城市的居民，已拥有城市户籍；三是来自外地的大学毕业生（马德峰、李凤啸，2010）。魏永峰（2009）指出，新移民是指 20 世纪 80 年代以后，通过自我选择的劳动力区域转移，主要以从事脑力型和技术型为主的工作，在当地获得比较稳定的工作和拥有了固定的居所，并且具有长期定居于迁入城市意愿的群体。关于城市新移民，文军（2005）认为，城市新移民就是那些有意愿在城市定居潜在或计划长期在城市居住的农村劳动力；陈海平（2006）把城市新移民等同于通过个人自由选择而进行自由流动的构建着全新生活圈和社会关系网络的城市移民；吴银涛（2006）认为，城市新移民是在城市有着多年劳动生活经验，而没有本地户籍的所谓"流动人口"。廉思（2013）也提出，城市新移民即指年龄在 16 周岁以上且 1980 年以后出生，虽在流入城市工作和生活，却没有取得迁入地户籍的中国大陆地区居民，这些典型的群体分为三个类型：一是大学毕业生中的低收入聚居群体，二是新生代农民工，三是城市白领。该概念是从城市化的视角出发，把户籍作为一个重要的衡量标准，因而已经取得当地户口的外来人口被排除在城市新移民概念之外。

综上所述，在新移民和城市新移民的核心概念上，学术界还没有形成统一的定义。本研究将重点研究的对象新移民知识人才定义为：改革开放后，为了实现在移居城市长期工作和居住的目的，进行自我或家庭从原生地迁移到另一城市的大学毕业生和留学回国人员。

3.2　工作嵌入

3.2.1　工作嵌入理论衍生与发展

理论上的嵌入性概念，最早是在 1957 年由经济史学家波兰尼（Polanyi）提出的。他发现，政府、宗教这些非经济因素对经济产生非常大的影响作用。针对经济学家沉迷于构建模型而忽略经济和社会关系的现象，他指出，"人类经济嵌入并缠结于经济与非经济的制度之中"。波兰尼首次把非经济因素、非经济制度引入经济学的视野。这一概念的实质，是把两种看似不相干或关系松弛的事物，如经济和社会结构联系在一起，并且把它们组成一种结构性关系。美国新经济社会学的代表人物格拉诺维特（Granoretter）于 20 世纪 80 年代中期将波兰尼的嵌入性概念引入社会学领域，使得"嵌入性"视角得到更为广泛的重视，并成为目前美国新经济社会学的一个基础性概念。与波兰尼不同的是，格拉诺维特侧重于把经济活动放到人际关系网络中去讨论，而不仅仅是局限于制度架构中，由此拓宽了经济活动可以嵌入事物的范围。他认为，嵌入包括个人和企业的经济行为受到社会关系和社会结构的影响。

此后，美国普林斯顿大学社会学教授亚力山德罗·波茨使这一概念具有了理论迁移的潜力，他提出，嵌入者可以是理性、结构（关系），也可以是人，这样一来，嵌入者和被嵌入者的概念具有了相当大的弹性。格拉诺维特（1992）还把"关系性嵌入"区分于"结构性嵌入"。他指出，嵌入者是指个人关系被嵌入于经济行动者之中，而被嵌入者则指社会关系网络被嵌入于许多行动者之中。在关系性嵌入中，经济行动者面对的主要社会因素包括各种规则性的期望、对相互赞同的渴求和互惠性交换等；在结构性嵌入中，值得一提的是，除了参加经济交易的双方，许多其他行动者在经济交换与更大规模的社会结构关系中发生作用。结构嵌入性、认知嵌入性、文化嵌入性和政治嵌入性这四种框架类型是祖金和迪马乔（Zukin & Dimaggio，1990）在格拉诺维特的基础上提出的。安德森、福斯格伦和霍姆（Andersson，Forsgren & Holm，2002）从企业内部的运营和价值链的视角，经过实证检验认为，嵌入性应包含技术嵌入性与业务嵌入性两部分。关于嵌入性的划分方法，陈仕华和李维安（2011）提出了新的观点，他们认为，主体嵌入和客体嵌入是嵌入性的两个重要组成部分，其中认知嵌入被包含在主体嵌入中，而客体嵌入包括四个部分：文化嵌入、政治嵌入、结构嵌入和关系嵌入。

嵌入理论被西方学者引入管理学后形成了工作嵌入理论，这一理论弥补了传统的离职理论解释力不足的问题。传统的离职理论主要从工作层面和主观态度等层面对雇员自愿流动进行解释。比如普赖斯（Price）和米勒（Mueller）、斯蒂尔斯（Steers）和莫迪（Mowday）以及莫布利（Mobley）的流动模型都包括了这些因素的影响；虽说在实证研究方面，传统态度理论的研究数据也得到了一定程度上的支持，但后来的学者霍姆和格里菲斯（Hom & Griffeth，1995）以及格里菲斯（2000）等的研究对态度这一因素对雇员自愿流动产生影响的重要性提出了质疑，他们指出，态度变量对流动倾向的影响只能达到 12% 的解释度。在这一背景下，米切尔（Mitchell，2001）等借鉴了波兰尼和格拉诺维特先后提出的"嵌入"和"社会嵌入"理论，提出了一个全新的雇员流动理论研究视角，工作嵌入理论克服了传统流动模型忽视社会网络的局限性，在吸收社会资本理论和社会学家关于流动的研究成果的基础上，对雇员自愿流动行为做出了较好的解释。

3.2.2 工作嵌入的概念和结构

米切尔和李（Mitchell & Lee，2001）把工作嵌入比喻成一张网，人一旦"陷入"以多种方式组合而成的社会网络之中，将会无法自拔。即使雇员出现工作不满意的状况或有可供选择的劳动力市场机会，他们也不会选择离职，反而会继续留在组织里工作，而这些使人才依附工作的因素既与组织相关，也与社区相关。姚（Yao，2003）从人才留职的视角来分析工作嵌入，并把它定义为各种影响力的总和，这些影响力使人才继续留在当前组织工作。霍尔顿（Holtom，2004）也把工作嵌入界定为各种力量的总和，但他是从离职的视角来进行分析，这些力量指的是阻止人才离开目前组织的力量。高珊和刘勇（2008）认为，工作嵌入包含了个体的多重依附关系，是个体和其工作内外形成的各种关系网络的密切程度。

在构建系统模型方面，米切尔和李认为，工作嵌入是一个由多个维度构建的概念，分别描述了组织和社区这两个维度对人才的流动产生影响的因素。同时，组织和社区又被继续划分为联结、匹配和牺牲三个子维度，因此工作嵌入由组织联结、组织匹配、组织牺牲、社区联结、社区匹配和社区牺牲这六个维度构成。米切尔和李等又将组织方面的因素称为工作内嵌入，社区方面的因素称为工作外嵌入。国内学者黄丽（2009）在对我国知识人才的工作嵌入性进行实证分析后得出，工作嵌入由环境和谐、单位支持、生活依赖和职业发展这四个因子构成。王莉（2007）结合中国文化的研究将工作嵌入划分为组织嵌入和社会嵌入，而组织嵌入细分为结构嵌入和关系嵌入，而联结、匹配、成本用来衡量组织嵌入的维度。总体上，学者们虽未在工作嵌入的结构划分方面形成共识，但大多认同工作嵌入的核心包括联系、牺牲及匹配，并为此进行了大量的研究。综上所述，考虑到新移民知识人才移居到异地会整体上被"陷入"到由组织的各种主客观因素紧密联系形成的各种纵横交错的关系网络中，本研究认为，工作嵌入是使新移民知识人才留在组织和移居城市的各种力量的总和，而不进行分维度的讨论。

3.2.3　工作嵌入的测量

组合量表和整体量表是目前用来测量工作嵌入的最常用的测量工具。组合量表以合成的方式来测量，量表整体以各维度的全部指标组合得到工作嵌入的构念。最具有代表性的组合量表由米切尔开发，该量表涵盖了40个题目和6个维度，每个维度均由若干个题项组成：组织联结维度包含7个题项；组织匹配维度包括9个题项；组织牺牲维度包括10个题项；社区联结维度包括6个题项；社区匹配维度包含5个问题项；社区牺牲维度包含3个题项。2004年李等将工作嵌入划分为两个构念，分别为工作内嵌入与工作外嵌入，在原来的米切尔问卷基础上删减了一些项目或修改了个别项目，把米切尔等的量表的40个题目调整为34个题目。国内学者梁小威（2005）对李等的量表进行了翻译和修订，并应用于中国情境下的研究，修订后的本土化组合量表包括37个题目和6个维度：1~7题是组织匹配，8~12题是社区匹配，13~21题是组织牺牲，22~24题是社区牺牲，25~31题是组织联结，32~37题是社区联结。在后续研究中，我国的学者王端旭（2010）和刘蓉、薛声家（2011）等开展的一系列研究也表明量表具有较好的信效度。但在后来的研究中，学者们发现尽管组合量表信度虽高，但组合测量存在三个明显的缺陷：其一，六个维度被视为同等重要，没有权重系数，导致测量忽略了不同人才的不同状况，所重视的内容也会存在差异性；其二，由于组合量表中测量项目过多，容易使填写者产生疲惫感，而影响量表的信度和效度；其三，测量题项数量过多，在统计分析中也容易出现严重多重共线性问题，导致严重的偏差。

针对组合量表存在的不足，克罗斯利（Crossley，2007）等在分析原有工作嵌入项目的基础上，重新开发了一个整体测量量表，这一量表将评价指标看成一个整体，主要测量个体对工作企业的整体依附感，该量表包括"我觉得自己依附于这个组织""离开这个组织对我来说很困难""我被这个组织吸引以至于不能离开""我对这个组织感到厌倦""我不能轻率地离开我所工作的组织""离开这个组织对我来说很容易""我与这个组织紧密相连"7个项目。实践证明，被测试者很乐于回答这7个具有概括性和非侵害性的题项。当今，大多数的学者都喜爱应用这两个量表来预测人才的主动流动倾向。实证研究也表明，整体测量量表在技术层面上克服了组合测量量表的局限，对人才主动流动的预测更有效。因此，为了揭示新移民知识人才工作嵌入的不同程度，而不是不同维度与组织和地区间主动流动的关系，整体量表将是本研究更好的选择。

3.2.4 工作嵌入的相关研究

1. 工作嵌入作为前因变量的研究

很多学者探讨了工作嵌入对流动意愿和行为的影响，并通过实证分析发现工作嵌入比工作满意度、组织承诺及工作机会等能更有效地预测人才流动。如米切尔在提出工作嵌入概念后，对一家食品杂货连锁公司和一家社区医院的研究结果表明，人才的工作嵌入程度越高，流动意愿就越低，自动流动行为也就相应减少；工作嵌入对人才自动流动的预测力不仅高于工作满意度和组织承诺，也高于工作选择和工作搜寻。布鲁克斯（Brooks，2004）等以美国西北部一家社区医院的500名人才为研究对象，检验了工作嵌入性能够有效预测护士的留职。马洛尔（Mallol，2007）以佛罗里达州西南部两家顶尖银行的美裔拉丁美洲人才和美国白人人才为研究对象，通过实证证明了工作嵌入比传统的工作满意度、组织承诺、工作机会等离职变量更能有效地预测流动。塔诺娃（Tanova，2006）对欧盟人才进行的研究也发现工作嵌入与人才流动之间存在负相关关系。霍尔顿（Holtom，2006）等以4533个参加管理学研究生入学考试的考生作为被测试对象，将工作嵌入性与离职的展开模型整合来共同预测自动离职。随后，霍尔顿的研究再次证明工作嵌入能够预测流动倾向和自动流动行为，也能预测非自愿流动。克罗斯利（Crossley，2007）等在美国中西部的一家中型企业的研究表明：整体的工作嵌入性在控制了工作机会、工作搜寻、工作满意和流动意愿后，与流动有显著的直接关系。沈和霍尔（Shen &

Hall，2009）以跨国公司外派人员为研究对象，发现人才感知到的工作嵌入能够引导外派人员回国后继续在组织中发展。威尔·菲尔普斯（Will Felps，2009）等从同事的工作嵌入与工作搜寻入手，以银行人才为研究对象，发现同事的工作嵌入与工作搜寻对离职传染起关键作用。一些国内学者经过实证检验，均得出了工作嵌入模式较其他传统解释变量对人才离职的预测力更强的结论。如王浩和白卫东（2009）对企业和其供应商人才进行研究，结果指出工作嵌入与流动倾向有显著负相关关系；赵丽华和张再生（2011）用实证方法研究天津市 5 个行业高校毕业生，结果表明工作嵌入对高校毕业生流动倾向起到显著负向影响；工作嵌入在心理资本及三个维度对流动倾向的影响中起中介作用。刘蓉和薛声家（2013）对企业中高端人才进行分析，结果表明中高端人才的工作嵌入对其流动意愿有负向的影响作用。王林和邓沙（2017）的研究表明，工作嵌入对江浙新生代农民工流动倾向具有显著的负向影响，组织承诺在工作嵌入与流动倾向之间起着重要的部分中介效应。

同时，一些学者将工作嵌入分成工作内嵌入和工作外嵌入两部分，分别探讨工作内嵌入以及工作外嵌入对流动与工作绩效的不同影响。如李（Lee，2004）等后来对跨国金融机构雇员的研究也发现，工作内嵌入对人才的组织公民行为和工作绩效预测力显著，工作外嵌入对人才的自动离职预测力度较高。亚西尔·西迪克和纳塔拉·萨尔夫拉兹·拉贾（Yasir Siddique & Naintara Sarfraz Raja，2011）对巴基斯坦政府雇员的研究表明，组织、社区和家庭对人才流动意向有强烈的影响。赵（Zhao，2012）通过元分析发现，职位内嵌入和职位外嵌入都会影响人才的流动意愿，进而影响人才的流动行为，工作绩效和工作搜寻行为起着中介作用。青平和施丹（2012）的研究结果指出，基层组织的工作内嵌入负向影响大学生村官的流动意愿，而农村生活的工作外嵌入不会对大学生村官的流动意愿产生影响；声誉型和内隐型工作价值观会直接影响流动意愿，并且农村基层组织的工作内嵌入负向作用于流动意愿。黎春燕和李伟铭（2013）采用经济欠发达地区的数据研究表明，高工作内嵌入模式和高工作外嵌入模式均有助于降低我国经济欠发达地区知识型雇员的自愿流动倾向，而工作内嵌入模式对自愿流动倾向的解释力度要远远高于工作外嵌入。杨廷钫和凌文辁（2013）对新生代农民工的研究结果指出，组织嵌入和社区嵌入均对他们的返乡工作意愿具有显著的负向影响，社区嵌入正向调节组织嵌入对返乡工作意愿的关系。肖杨（2015）的研究也表明，工作内嵌入负作用于国有企业"80 后"知识型人才流动倾向，工作外嵌入的社区牺牲与流动倾向显著正相关，社区匹配、社区联结与流动倾向不显著负相关。

另外，也有一些学者进行了个体组织承诺等态度与个体的组织公民行为、创新行为、工作绩效等工作行为方面的研究。霍姆（Hom，2009）等和赵（Zhao，2012）通过实证研究表明，工作嵌入能够增强人才对组织的情感承诺，降低人才的自愿流动倾向。李（Lee，2004）等的研究表明，工作内嵌入对组织公民行为和工作绩效有显著预测作用。维加延托和基斯莫诺（Wijayanto & Kismono，2004）从 5 家私立医院选出 170 名护士和她们的直接上司进行配对测试研究，结果发现工作嵌入显著影响人才的组织公民行为，同时责任感对其关系起调节效应。哈尔贝莱本和惠勒（Halbesleben & Wheeler，2008）的研究结果表明，工作嵌入显著影响人才角色内绩效。詹姆斯·伯顿、布鲁克斯和霍尔顿（Burton，Brooks & Holtom，2010）等的研究也表明，工作嵌入与组织公民行为有显著正相关关系。陈云川和雷轶（2014）分析 398 个新生代农民工的样本后发现，新生代农民工的组织嵌入对任务绩效、组织公民行为产生正向影响作用，而对反生产行为产生负向影响作用；社区嵌入在组织嵌入与任务绩效以及组织公民行为的影响关系中起调节作用，对反生产行为调节作用不显著。王帮俊（2014）以新生代农民工为研究对象，结果表明，新生代农民工的工作嵌入对工作绩效具有显著正向影响。托马斯和费尔德曼（Thomas & Feldman，2010）的研究指出，工作嵌入有益于人才对产生的创新性想法进行传播并执行，进而激发出人才的创新行为。李永周和黄薇等（2014）以高新技术企业研发人员为研究对象，结果指出，工作嵌入正向显著影响创新绩效，创新能力通过工作联结和工作牺牲起中介作用。杜鹏程等（2015）的研究结果发现，创新自我效能感和工作嵌入感正向作用于人才创新行为，而个体感知到的差错反感文化完全通过创新自我效能和工作嵌入感的中介作用对人才创新行为发挥负向影响。

2. 工作嵌入作为结果变量的研究

在个体因素中，人口统计学特征、人才身份意识、个体心理资本、情感疲惫和震撼等均对工作嵌入产生影响。乔桑和赛扎尔（Giosan & Cezar，2005）在系统研究工作嵌入的前因变量中，采用来自不同组织的样本：其中，样本一选取了 172 名全职人才，而样本二选取了来自同一组织的 129 名全职人才。这两组样本分别完成自我报告问卷，内容包括了工作嵌入与各种潜在的前因变量。二者中有所不同的是：样本一安排了不同时间点去完成这些问卷，而样本二则是要求被试者在同一时间内完成问卷。该研究以组织心理学、发展心理学以及人格理论为理论基础，提出了时间、年龄、人格特征、依附强度、孩子数量、感知工作机会、感知婚姻机会等对工作嵌入影响的相关假设。最后两个样本得出的结论基本保持一致。芬克（Fink，2003）的研究表明，性别对工作嵌入产生的影响达到显著性，同时男性的工作嵌入在社区匹配维度、社区牺牲维度、组织匹配维度与组织联结维度方面的嵌入程度明显要高于女性。佩尔托科皮（Peltokorpi，2013）研究表明，日本人才年龄大的人才嵌入水平较高，这可能是因为男性事业心较强，同时有养家的压力。王莉和石金涛（2007）研究表明，大专及以下学历比更高学历的人才的工作嵌入程度要高，同时，41~50 岁的人才比其他年龄人才的工作嵌入水平要低。舒菲（2008）研究对象是金融行业的在职人才，研究发现随着年龄的增长，企业人才对组织的联结程度越来越高。同时，学历越高、知识技能越强的人才，常常对组织的嵌入程度越低。总体来说，学历和年龄等因素对工作嵌入、离职倾向会产生显著的影响，具体而言，它们将正向影响工作嵌入，负向影响离职倾向。马洛尔（Mallol，2007）等通过研究发现，人才的种族意识也会影响人才职位外工作嵌入水平。秦伟平（2010）研究发现，新生代农民工具有双重身份特征，这种双重身份的选择既是一个基于自我的多角度、多层次的动态选择过程，也是在心理上对两种身份不断进行比较和平衡的过程。研究发现，个体层面的身份定位未对工作嵌入产生显著影响，而关系和集体层面的平衡性定位，则会对工作嵌入产生显著的积极影响。赵琛徽和杨阳阳（2015）在对劳务派遣人才进行研究时指出，人才的身份感知对双情感承诺与工作嵌入都产生显著影响；同时，双情感承诺在身份感知与工作嵌入之间起到了中介变量的作用，不同组合的双情感承诺对工作嵌入的影响也存在明显差异。秦伟平和杨东涛（2012）在对新生代农民工进行研究时指出，农民认同和工人认同对工作嵌入均具有负向影响。孙（Sun，2011）等以1000名护士作为研究样本，实证研究表明心理资本越高的人才，工作嵌入水平也越高。奥斯曼·卡特拉佩（Osman M. Karatepe，2013）研究指出，情感疲惫作为一个完全中介变量，会影响工作嵌入性与工作表现之间的关系。如人才工作量巨大，并且无法在工作（家庭）和家庭之间建立平衡（工作）角色的情感疲惫，这类人才的工作嵌入水平较低，并且服务交付过程中表现不佳。詹姆斯·伯顿（James P. Burton，2009）等以近百家企业的留职者与离职者作为研究样本，实证研究指出，曾经经历了"震撼"[①] 后离职的人才的工作嵌入程度要高于那些没有经历过"震撼"而离职的人才；经历"震撼"并留在组织内的人才的工作嵌入最高。丁森林和刘培琪（2017）在对知识型人才进行研究时指出，知识型人才的情绪智力对工作嵌入产生显著的正向影响，其中情绪运用维度对工作嵌入产生的影响最为显著；同时，知识型人才情绪智力正向作用于组织公平，组织公平在情绪智力与工作嵌入的关系中起到完全中介作用。

组织和文化因素也对工作嵌入产生影响，其中组织因素包括社会适应技巧、高参与工作系统的感知、领导成员之间的交换关系、工作阶段、人力资源管理活动等。艾伦（Allen，2006）以某大型金融服务企业的新入职人才为研究对象进行社会化策略研究，结果表明，集体化策略、系列化策略和支持策略对工作内嵌入产生显著正向影响，组织社会化策略对提高新人才与组织的嵌入程度有帮助。秦志华等（2013）从社会交换理论的视角，实证证明了高参与工作系统的感知对工作嵌入产生正向的影响作用，领导成员交换和职场排斥调节他们之间的关系，成员的政治技能会调节职场排斥的影响。王勇和陈万明（2013）以企业人才为研究对象，结果表明，真诚领导感知显著正向影响心理资本和工作嵌入；心理资本正向影响工作嵌入。肯尼斯·哈里斯等（Kenneth J. Harris et al.，2011）的研究证实了领导成员之间的交换关系正向显著影响工作嵌入。托马斯（Thomas，2006）将职业生涯阶段和工作嵌入结合起来进行研究，结果表明，在职业确

[①] 震撼是指那些能够引发人才对现有工作深思熟虑，可能涉及离职意向的事件。

立阶段对工作嵌入产生较显著影响的是组织社会化、通用的职业技能、与特定组织相关的工作技能、社会联结和导师制；在职业维持阶段对工作嵌入产生较显著影响的是对分歧目标的协调、职业高原、家庭地位、职业依恋的积累、管理和领导职责；在职业衰退阶段，则是福利、保险、在职业中的领导角色和规避风险影响工作嵌入。惠勒（Wheeler，2010）等实证分析了人力资源管理有效性对人才工作嵌入水平的影响。玛丽（Mary，2013）等通过研究发现，薪酬福利、绩效评估、职位晋升等人力资源管理措施显著提升工作嵌入水平，进而降低人才的流动意愿。马洛尔（Mallol，2007）从企业的主导文化视角来研究拉丁裔人才，结果表明，在拉美文化主导的企业中工作的人才的工作嵌入水平只是略微高于在非拉美文化主导的企业中工作的人才。徐尚昆（2007）的研究表明，工作嵌入受到中国人特有的面子和人情的影响。李召敏和赵曙明（2017）基于中国广东和山东两地民营企业的实证研究表明，劳资关系氛围中的五维度对人才心理安全和工作嵌入产生显著影响。李玉香和刘军（2009）以深圳227家高新技术企业为例进行了实证研究，结果表明，研发人员事业和生活环境满意度会正向影响工作嵌入。秦伟平和赵曙明（2014）的研究结果指出，组织公平感显著正向影响新生代农民工的工作嵌入性。

3. 工作嵌入作为中介变量的研究

艾伦·大卫（Allen David G.，2006）通过对一家大型金融服务机构新人才的测试研究发现，工作嵌入对社会适应技巧和人才流动有着重要影响。彼得·惠和安妮斯·徐（Peter Whom & Annes Tsui，2009）等在进行通过用"社会交换和工作嵌入"解释雇佣关系的研究中发现，工作嵌入在相互投入、过度投入的人才和组织关系（FOR）中与情感承诺和离职意愿关系存在着重要联系，即人才在企业工作的时间越久，工作嵌入就会越明显。霍姆和徐（Hom & Tsui，2009）等在验证工作嵌入和社会交换对雇佣关系影响的研究中发现，在相互投入、过度投入的人才和组织关系中，工作嵌入对情感承诺和离职意愿也产生了重要影响。斯马达尔·列夫和梅尼·科斯洛夫斯凯（Smadar Lev & Meni Koslowsky，2012）利用社会信息加工理论为框架，在职嵌入在教育框架中作为一个潜在的中介，可以用来解释在职嵌入担任调解者为自觉性和情境绩效之间的联系，在职嵌入拓宽了预测的角色演绎。肯尼斯·哈里斯（Kenneth J. Harris，2011）抽取美国东南地区的汽车制造企业的人才作为研究样本，回收225份有效问卷，通过研究发现，工作嵌入在LMX与离职倾向之间起中介作用。奥斯曼·卡特拉佩和萨纳兹·瓦坦卡（Osman M. Karatepe & Sanaz Vatankhah，2014）发现工作嵌入对高绩效工作实践和绩效具有中介作用。具体来说。高绩效工作实践有利于提高工作嵌入性。工作嵌入反过来对高水平的创意表现和额外的客户服务产生影响。

梁小威（2007）在艾伦（Allen，2001）的人才工作绩效—自愿离职研究模型中引入工作嵌入，提出退出组织五路径中介链模型，并通过对医疗保健单位的人才进行调查研究得出：工作嵌入在研究人才组织绩效与自愿离职的关系中具有显著的中介作用。高炎（2009）认为，工作的嵌入影响人才与组织关系和人才绩效。王端旭和单建伟（2010）提出工作嵌入在吸引科技人才和影响人才工作绩效的重要作用。李纳（2011）发现了工作嵌入同自我效能感—离职倾向的关系。何勃夫等（2011）发现工作生活质量与工作嵌入、组织承诺呈正向关系；与离职倾向呈负向关系；组织承诺与离职倾向呈负向关系；工作嵌入和组织承诺在工作生活质量与离职倾向关系中都起到部分中介效应。秦伟平和杨东涛（2012）以上海和南京等地新生代农民工进行测试研究，运用中介性调节效应检验方法，对人才双重身份认同对其工作嵌入的影响及其内在作用机制进行探讨，发现歧视感知在农民认同和工作嵌入之间的中介作用，在工人认同和工作嵌入之间起完全中介作用，"农民或工人认同—（歧视感知）—工作嵌入"具有调节作用。高汉（2012）等发现，医生的心理资本与感情承诺呈积极正向相关，工作嵌入在二者关系中充当部分中介的角色。汤涛（2013）在工作嵌入和心理资本两个变量能够直接正面促进人才工作绩效的基础上，发现真诚领导行为感知借助工作嵌入和心理资本两个中间变量，会作用于工作绩效，并有利于提升工作效率。孙涛等（2013）发现，乡村医生的职业认同和转行意愿具有显著负相关，工作投入和工作嵌入在二者关系之间中扮演重要角色。王帮俊（2014）以新生代农民工为研究对象，认为新生代农民工工作嵌入的匹配维度在组织认同对工作绩效的影响中也发挥着重要作用。杨春江等（2014）以 6 家服务企业中的 351 名人才为研究对象，对问卷调查获得的数据进行分析，结果表明：分配公平和程序公平有利于提升人才的工作嵌入；工作嵌入能对人才离职行为做出有效预测；分配公平和人才离职呈负向影响，并且工作嵌入在其间中介效应明显。苏晓艳（2014）以工作嵌入作为中介变量，调查研究 210 位新人才，分析了组织社会化策略对新人才离职意向影响的理论机制。研究显示，工作嵌入与离职意向显著负相关，组织社会化策略对新人才的工作嵌入具有显著影响；工作嵌入在组织社会化策略对新人才离职意向的影响中起部分中介作用。魏洪娟、罗庆东等（2017）对黑龙江省全科医生进行研究，研究表明，工作嵌入得分可以用来正向预测组织主人翁行为的得分；工作嵌入得分在职业满意度得分和组织主人翁行为得分间呈完全中介效应。马丽、刘霞等（2014）对企业在职人才进行研究，结果指出，社区嵌入和组织嵌入作为工作嵌入的两个维度分别中介了工作→家庭促进以及家庭→工作促进与留职意愿之间的关系。王树乔、王惠等（2017）对高校科研团队成员进行研究，结果指出，情绪智力同高校科研团队的创新绩效之间具有正向关系；在这一关系中发挥重要中介作用的就是团队成员的工作嵌入。王德才和李琼慧（2016）对企业一线核心人才进行研究，结果指出，雇佣保障对人才情感承诺和工作满意度有积极的影响；工作嵌入在雇佣保障与情感承诺之间中介效应明显，在雇佣保障与工作满意度之间也起部分中介作用。张冉（2015）对企业残疾人才进行研究，结果指出，可以通过工作嵌入来预测任务和周边绩效的关系；工作嵌入在组织公平（分配、互动公平）与任务和周边绩效间发挥中介作用，在组织公平（程序公平）与任务和周边绩效间无中介作用。赵波和徐昳（2015）对快递企业人才进行研究，结果指出，工作绩效受组织支持感的各维度的正向影响；工作嵌入在组织支持感和工作绩效间起到部分中介的作用。杜鹏程等（2013）对中层管理人员进行研究，结果指出，对人才的关联绩效具有显著正效应的是领导成员交换关系；工作嵌入在这一关系中发挥了重要中介作用。赵丽华和张再生（2011）对天津市高校毕业生进行研究，结果指出，心理资本同高校毕业生离职倾向呈负向关系；工作嵌入同高校毕业生离职倾向呈负向关系；工作嵌入在心理资本及 3 个维度对离职倾向的影响中起中介作用。

4. 工作嵌入作为调节变量的研究

李（Lee，2004）的研究发现，工作内嵌入在组织公民行为与自愿流动、故意旷工的影响关系中起调节作用，即工作嵌入水平越高，这种关系越显著。克罗斯利（Crossley，2007）通过实证表明，工作嵌入调节工作满意度与寻找工作意向之间的关系。关口、伯顿和萨布林斯基（Sekiguchi，Burton & Sablynski，2008）的研究结果发现，对于移动通信人才而言，工作嵌入在领导与成员交换关系与工作绩效之间起调节作用；对于制造企业人才而言，工作嵌入调节组织自尊与组织公民行为之间的关系。伯吉尔等（Bergiel et al.，2009）通过研究发现，工作嵌入部分调节主管支持与流动倾向之间的关系，完全调节赔偿金与自动流动的影响关系，对升迁与自动流动关系起微调作用，而对培训与自动流动没有调节作用。薛慧（2011）以制造业企业人才为研究对象，结果表明，工作嵌入在传统态度变量与流动倾向之间有调节效应。

王雁飞、蔡如茵和林星驰（2014）通过实证研究发现，人才内部人身份认知正向影响组织承诺与创新行为；人才组织承诺正向作用于创新行为；组织承诺对内部人身份认知与创新行为的影响关系中起完全中介作用；人才工作嵌入在组织承诺与创新行为的关系中起正向调节作用；工作嵌入还调节着组织承诺对内部人身份认知与创新行为关系的中介效应。杨春江、蔡迎春和侯红旭（2015）对华北制造企业 418 位下属及其直接主管的实证研究表明，工作嵌入在心理授权对组织公民行为影响关系中起调节作用。

3.3 社会融合

3.3.1 社会融合理论的萌芽与发展

1. 社会融合理论的萌芽

1924 年，来自芝加哥学派的帕克（Park）等提出"同化"的概念，用以描述移民与当地居民之间相互交往、渗透，相互分享彼此的文化记忆，并与移居的城市相互适应，融入一种共同的文化生活的过程。1969 年，帕克在《社会科学百科全书》将"社会融合"定义为一种或一类社会过程，通过这类社会过程，不同出身的各种少数族裔和不同文化背景的人最终共同生活在一个国家，使文化的整合至少能够维持一个国家的存在。自帕克以后，社会融合开始被定义，之后陆续被不同学者进行完善。但是，社会融合理论研究和发展源于 20 世纪 70 年代欧洲学者对社会排斥的研究，而且社会排斥理论是研究社会融合理论的基础之一。

第二次世界大战结束至 20 世纪 70 年代中期，西方国家的发展经历了"辉煌的 30 年"，不仅经济得到极大发展，而且社会福利制度不断改善。但是，在 70 年代西欧与东欧进行的经济重组中，人们以为将要消失的问题——贫困，又出现了。这种最初被称为"新贫困"的现象主要是由经济重组带来的大规模经济变迁引起的。为了解决这一问题，英美学者提出了"贫民化""边缘化""底层阶级"等概念，但都无法在欧洲大陆得到支持，直到 1974 年法国学者勒内·勒努瓦首次提出了社会排斥的概念，用以阐述被就业机会和收入保障制度排斥在外的特定社会边缘群体所处的状态。虽然勒内·勒努瓦并没有对社会排斥的概念进行明确的界定，但是这一概念的提出已经向西方国家基于福利的传统假设提出了挑战。

随着社会排斥理论研究的不断深入，欧洲学者对贫穷问题或窘迫境遇的理论研究范式也发生了变化，从开始的贫困理论逐步向剥夺理论、社会排斥理论转变。对比贫困理论、剥夺理论，社会排斥不仅包含了社会领域参与等多层面含义，更涉及生理、物质、社会关系等多方面的社会需求，而且是跨越时间段的、动态变化的。因此，社会排斥理论能更有效地解释新贫困问题的理论。

与此同时，社会排斥理论还对传统社会政策进行了批评，并且改变了欧洲社会政策的制定。在消除新的贫困的过程中，人们发现社会政策总会遇到各种各样的障碍，贫困非但没有被消灭，反而愈演愈烈。于是，国际社会政策研究界也将目标从"克服贫困"转移至"消除社会排斥"，将贫困问题的解决从表象转向了根本。1988 年，当欧洲发起的第二次反贫困运动接近尾声的时候，"社会排斥"首次被欧共体委员会吸纳写入文件。1989 年，这一概念写进了欧洲社会宪章的序言："团结精神对于反社会排斥是十分重要的。"1995 年在丹麦哥本哈根所召开的主题为"社会发展及进一步行动"世界峰会上，各国将"社会排斥"视为消除贫困的障碍，要求反对社会排斥。之后，欧洲共同体（包括后来的欧洲联盟）和欧洲各国都开始了反社会排斥的政策实践和探索。

2. 社会融合概念的发展

20 世纪 80 年代末，法国发布和实施了第一个社会融合政策。同时，欧共体也希望制定出涵盖欧洲成员各国的社会融合政策。20 世纪末至 21 世纪初，随着反社会排斥措施的执行，以及各国对社会融合理论的现实需要，政府机构和社会政策研究者将重点从"社会排斥"转移至"社会融合"。在反贫困计划推行中，西方政策研究者们发现，贫困者遭遇的社会排斥既存在于经济领域，也存在于非经济领域，因而呼吁建立一个人人共建、人人共享的强大且具有凝聚力的社区（嘎日达、黄匡时，2009）。首先，政府机构及相关学者逐渐意识到，反社会排斥就是社会融合，二者均要求确保每个社会成员都能享受地居住在一个人人参与建设的强大且有凝聚力的社区。其次，人们普遍认为社会排斥是坏事情、社会融合是好事情，因为被排斥的基本都属于弱势群体，这不利于社会凝聚，而社会融合有不证自明的积极意义。再次，与社会排斥相比，社会融合关注被排斥群体的融合过程与结果，这对政府机构制定政策措施来实现融合更有建设性意义。最后，"社会融合"不仅给人们的未来构建了一个美好目标，还描述了一个任何人都可以介入的、持续发生的过程。"社会融合"也由此而更加受到各国政府和学者们的欢迎，并日渐成为西方社会政策研究和实践的重要概念，尤其是在进入 21 世纪以后，社会融合在欧洲一体化进程中得到了前所未有的重视。

3.3.2 社会融合概念

1995 年，联合国在哥本哈根召开的社会发展首脑会议指出，"社会融合的目的就是创造'一个人人共享的社会'，在这个社会里，每一个人都拥有权利与责任，每一个人都能够发挥积极作用。"2004 年，作为欧洲各国社会融合的象征性结果，欧盟在发布社会融合联合报告中对社会融合的概念做了清晰的界定，指出社会融合是保障具有风险和社会排斥的群体可以得到必要的资源的过程，这些群体通过所获得的资源和机会，从而全面参与经济、社会、文化，并在他们居住的社区享受正常的生活和社会福利。

随着社会融合理论和实践的不断发展，国内外机构和学者在对社会融合进行研究时从不同的侧面对其概念进行了阐释，综合起来可大致归为三类。

第一类主要从社会融合角度来解释它的含义。早年的学者包括帕克和伯吉斯（1921），将社会融合描述为个体或群体相互渗透、交融的过程，在这样的一个过程中，人们透过共享历史和经验，互相获得彼此的记忆、情感、态度，进而整合到共同的文化生活当中。学者休斯和戈夫（1981）则认为，社会融合是单个个体或群体在另一群体或社会中的参与与互动，人们在这种互动中形成了共同的情感，例如认同感等。国内学者任远、邬民乐（2006）指出，社会融合是个体与个体之间、群体与群体之间，或不同文化之间的一种互相配合与互相适应的过程。

第二类主要从揭示社会融合的目标及状态角度来解释它的含义。例如：印度学者阿玛蒂亚·森（2000）将社会融合界定为，这些群体的个体成员能够积极并且充满意义地参与活动、享受平等，共享社会经历且取得基本的社会福利。克劳福德（2003）在所著的《通过思考和测量社会融合的共同方法》中指出，社会融合涵盖了两个层面的意思，一是指人们在社区中可以享受到社会、政治、经济、文化生活等层面上平等、重视与关怀；二是指人们在家庭、朋友和社会交往中获得一种信任、欣赏和相互尊敬的人际关系。国内学者李丹（2009）指出，社会融合是特定的个体或群体在进入新群体的时候，可以参与到新群体的经济、政治活动中，通过学习适应新环境中的文化习惯，进而完成社会化的过程。在这一过程中,既在新的环境中取得了广泛社会权利,又在新的环境获得了个体和群体的认同与接纳。

第三类则是针对移民、人口流动、弱势群体保护等特定对象社会融合概念进行了更为具体的解释,例如,埃林森(Ellingsen,2003)认为,社会融合意味着移民与新社会之间的相互适应,他将移民的社会融合界定为个体或群体被接纳入主流社会或各种社会领域的状态与过程。埃林森提出的定义被后续的许多学者借鉴和发展。类似地,阿尔巴和尼等(2005)在讨论美国国际移民的社会融合时,将社会融合界定为“种族间差异的消减,以及由各类种族差异所产生的文化差异和社会差异的消减”。国内学者任远、邬民乐(2006)将社会融合定义为不同个体、群体或文化相互配合、适应的过程,同时也是他们逐步同化和减少排斥的过程,是本地居民和外来移民相互作用并构建相互关系的一个过程。杨菊华(2009)在研究流动人口的社会融合时则强调,应当将社会融合界定为动态的、逐渐式、多维度、互动的概念。魏万青等(2012)则对外来人口进入新城市的社会融合过程进行了描述,指出社会融合是在经济、社会、文化等层面依次适应和递进的过程。

综上所述,尽管当前国内外学者们对社会融合概念的界定不尽相同,然而多数研究已经达成一些共识,这些共识包括:(1)社会融合的多维度内涵,例如可以分为政治、经济、文化、心理等多个方面的社会融合,也包括个体、群体、整体多个层次的社会融合;(2)社会融合不是一个具体的结果,而是一个状态或过程;(3)在社会融合过程中,相互适应起到了非常重要的作用,一方面是移居者对当地文化的认同,另一方面是移居者对当地文化的影响。本研究认为,社会融合是不同个体、群体相互配合、相互适应的过程,同时也是移居群体与本地居民相互作用并构建相互关系的过程。

3.3.3　社会融合的维度和测量

1. 二维度

斯科特(1976)认为,社会融合可以划分为情感融合和行为融合两个维度,其中情感融合强调了个体在组织内的身份认同、价值观认同及其实现,而行为融合则强调人与人之间交往的频率和强度。斯密特(2000)认为,欧盟在建立社会融合参考框架时设计的参数仅包括降低不平等和加强社会联系两个方面;杰克逊等(2008)研究加拿大的社会融合的度量指标主要包括两方面:一是条件性指标,包括经济条件、生活质量、生活机遇;二是与社会融合相关的活动的度量,包括合作意愿、社会参与等。

李树苗等(2008)将社会融合划分为情感融合和行为融合两个维度,指出情感融合体现了个人对组织的认同,并愿意把个人的时间、精力以及资源奉献给新进入的组织。当这种认同情感强烈的时候,社会融合水平就会相对高,否则就会相对较低。行为融合体现了个体与个体之间的互动行为,而这种互动行为反映了社会距离,如果当社会距离较小，彼此的互动频率和强度就会高，社会融合水平也就相对较高，否则社会融合的水平则相对较低（王桂新等，2011）。以欧盟社会融合指标和移民整合指数为基础，国内学者黄匡时和嘎日达（2010）提出了针对农民工的城市融合度指标测量体系。他们从城市和个体两大层面考察农民工的社会融合水平，同时，城市层面可以进一步划分为政策融合和总体融合，个体层面又可以进一步分为主观融合和客观融合。

2. 三维度

田凯（1995）在研究农民工的社会融合问题时指出，社会融合实际上是再社会化的过程。他还指出，农民工社会融合可以分为经济、社会、心理或文化等层面。李伟梁（2010）在研究少数民族城市社会融入时认为，这种融入主要包括经济、社会和心理三个方面：经济层面的融合主要体现在职业融入；社会层面的融合具体在于生活方式、价值观念和行为举止等社会交往方面的融入；心理层面上的融合主要是自我认同和心理归属。悦中山（2011）、李卫东、李艳（2012）在研究农民工社会融合问题时指出，农民工的社会融合可以划分为文化融合、社会经济融合以及心理融合三个维度。他们在研究中还指出，社会经济融合是指在社会经济地位的获得上，可以通过月平均收入、房产拥有情况和职业阶层情况三个指标来进行测度。社会心理融合反映了个人对社会联系的主观经验，可以通过个人对社会互动经历的自身反省和对交往深度的感知来进行评估。

3. 四维度

帕克和伯吉斯（Park & Burgess，1921）在阐释社会融合的概念时，将社会融合划分为政治冲突、经济竞争、社会调节以及文化融合四个维度。兰德科（1951）将社会融合划分为交流融合、文化融合、功能性融合以及规范性融合四类。类似地，国内学者王佃利、刘保军和楼苏萍（2011）在研究农民工社会融合时，提出了经济融合、社会融合、制度融合、心理融合四个维度。李汉宗（2011）将农民工社会融合划分为经济融合、关系融合、制度融合、心理融合四个维度进行探讨，并指出，经济融合、关系融合和制度融合主要关注个体层面的客观融合状态，而心理融合着重考察个体层面的主观融合状态。风笑天（2004）在研究三峡农村移民时，认为社会融合可以从家庭经济、生产劳动、日常生活、与当地居民的关系及社区认同等个维度来分析。张文宏（2008）通过探索性因子分析法将社会融合分解为心理融合、文化融合、身份融合和经济融合四个维度。任远（2006）则从社会融合程度，例如自我身份的认同、与本地人的互动、对城市的态度以及感知的社会态度四个维度来衡量外来移民。

此外，国内学者罗恩立（2012）结合农民工具体特征，提出了考察农民工的社会融合状况的四个维度，包括情感融合、身份融合、市民意愿融合和社会地位融合。陆淑珍（2012）指出，社会融合属于多阶段、多层次的复杂过程，外来人口只有在心理实现融合，才可能实现社会融合，她通过社会融合因子分析，提炼了经济融合、社会交往与文化融合、感知融合、心理融合等社会融合四个维度。李远煦、黄兆信（2014）在围绕流动人口进行研究时将会融合的四个维度划分为经济融合、社会资本融合、文化融合、身份融合，并且着重指出经济融合是考察新移居人口在流入地的劳动就业、职业声望、经济收入、社会福利、教育培训、居住环境等方面以移居地的人群为参照对象的融入情况。

4. 五维度

弗赖勒（2002）强调社会融合的前提是符合社会规范或具有价值取向，他将社会融合划分为受到重视的认同、人类发展、参与和介入、亲近和物质丰足五个维度。我国学者周瞳（2011）在研究城市新移民社会融合的时候指出，城市新移民对积极融入移居地的社会往往有较强的主观愿望，并在研究的过程中采用探索因子分析的方法对城市新移民的社会融合维度结构进行提炼，根据研究结果将社会融合划分为社交、文化、心理、居住、经济五个因素，同时指出影响城市新移民社会融合的主要因素主要包括户籍、住房和经济等因素。

5. 七维度

戈登（Gordon，1964）是最早从 7 个维度划分社会融合的学者，他认为社会融合包括了文化融合、结构融合、婚姻融合、身份认同、态度接受、行为接受和公共事务融合多个方面等。国内学者郭庆（2013）在对农民工的社会融合问题进行研究时，专门研究了经济融合，指出经济融合可以从劳动就业、职业声望、工作条件、经济收入、社会福利、居住环境、教育培训等方面进行测量。并基于此提出了测量农民工的经济地位时主要选取职业阶层、月均收入、居住类型、补会保障和收入比较 5 个指标。

综上所述，由于国际移民、国内移民的社会现象普遍存在，社会融合的概念为各国学者所重视，并涉及政策学、社会学、心理学以及教育学等共同关注的重要内容，也形成了一些重要研究成果。相对而言，西方在社会融合领域的研究起步较早，理论积累也相对较多，而我国对该领域的研究虽起步较晚，但针对农民工等不同社会阶层、不同社会群体的社会融合的实证研究逐步增多，社会融合理论的维度划分、概念测量等方面也积累了一定的文献，但针对新移民知识人才的测量则很少见，因此在后续研究中有必要展开更为深入的研究。

3.4 情绪调节自我效能感

3.4.1 情绪调节自我效能感的内涵

国外学者卡普拉拉（Caprara，1999）最早提出情绪调节自我效能感的概念，他指出个体间的差异不仅存在于自我情绪管理技巧和能力的差异，还存在于调节自我情绪的效能感方面的差异，因此个体在管理他们的日常情绪体验时表现得非常不一样。同样地，班杜拉（Bandura，2003）等也非常重视个体管理情绪生活的能力感，他认为人们自身具有自我情绪调节技巧是一回事，但在各种不同的场合中是否拥有能力坚持运用这些技巧又是另一回事。卡普拉拉和班杜拉（2003）等将情绪调节自我效能感界定为，个体对自身能够有效调节自己的情绪状态的一种自信程度的表达。

国内学者汤冬玲等（2010）的研究概念与卡普拉拉（Caprara）的观点相似，认为情绪调节自我效能感会直接或间接影响各种社会心理功能。田学英（2012）指出，个体对自己处于各种管理情绪情境的自身情绪调节能力进行主观判断后，所表达出来的自己是否具有能力处理情绪的自信程度。比如，当重要的考试来临时，人们难免会体验着各种焦虑不安的情绪，拥有较高情绪调节自我效能感的个体会选择相信自己能够以比较平和的心态来应对考试，能够通过有效的途径来化解那些焦虑紧张的情绪。李彩娜等（2015）认为，情绪调节自我效能不仅是个体对自身情绪调控具有的信心和信念，还是个体对自身情绪的形成、保持、回避和抑制能力的评价。对于情绪调节自我效能感的概念，尽管目前学界存在部分歧义（刘锦涛和周爱保，2016；赵鑫和冯正宁等，2016；田学英和卢家楣，2012），但绝大部分的研究还是赞同卡普拉拉和班杜拉等的研究。本研究也采用了卡普拉拉和班杜拉等的观点，将情绪调节自我效能感定义为新移民知识人才个体对能够在移居城市中有效调节自身情绪状态的一种自信程度。

3.4.2　情绪调节自我效能感的维度

早期的研究遵循了传统的情绪分类法，将情绪划分为积极情绪和消极情绪（Russell & Carroll，1999；Watson & Tellegen，1985），学术界最初将情绪调节自我效能划分为两个类型：调节消极情绪的自我效能感和调节积极情绪的自我效能感。调节消极情绪的自我效能感指的是，当个体在逆境中遭遇到不如意的事件时，对自己能够化解生气、愤怒和失望等消极情绪和克服困难所表现出来的一种自信。积极情绪的自我效能感是指，个体应对愉快事件和成功情境时所体验的一系列积极的情绪，比如快乐、幸福、自豪等。卡普拉拉（2008）等对意大利、美国和玻利维亚三个国家开展跨文化研究，将传统的二维结构分类重新进行划分，情绪调节自我效能感被分为三个维度：感受正性情绪效能感（POS）、调节沮丧/痛苦情绪效能感（DES）、调节生气/愤怒情绪效能感（ANG），其中调节消极情绪自我效能感又被分为两部分：调节沮丧/痛苦情绪效能感（DES）和调节生气/愤怒情绪效能感（ANG）。班杜拉等则认为情绪调节自我效能感的结构应包括：识别自我情绪状态的效能感，明白自己对他人感受的效能感和管理正性/负性情绪表达的效能感等，虽然他们试图从另外的视角来进行拓宽对情绪调节自我效能感结构的研究，但没有开发出相应的测量量表。卡普拉拉等的三维度量表引入我国以后，我国学者将该量表适用于我国研究生和大学生人群的样本研究，结果均表明这个量表具有良好信度和效度（文书锋、汤冬玲和俞国良，2009；张萍、张敏和卢家媚，2010）。但在中国文化背景下的后续研究中，田学英（2012）指出卡普拉拉等的量表忽视了调节和管理正性情绪，因为中国文化强调人际和睦，如果人们在表达快乐和喜悦等积极情绪时不分场合，很可能会招致他人的反感，从而给自己带来不良的影响。因此，她将情绪调节自我效能感的结构划分成四个维度：感受正性情绪效能感、调节正性情绪效能感、调节沮丧/痛苦情绪效能感和调节生气/愤怒情绪自我效能感。窦凯等（2012）对情绪自我效能感的结构进一步划分为五个维度，他将表达积极情绪效能感细分为表达快乐/兴奋情绪效能感（HAP）和表达自豪情绪效能感（GLO）；而将管理消极情绪效能感划分为管理生气/愤怒情绪效能感（ANG）、管理沮丧/痛苦情绪效能感（DES）和管理内疚/羞耻情绪效能感（COM）。李琼（2011）对情绪调节自我效能感结构也划分为五个维度，其中管理负性情绪自我效能感包括调整内疚/害羞的自我效能感、调节沮丧/痛苦自我效能感、调节生气/愤怒自我效能感和调整尴尬的自我效能感，管理正性情绪自我效能感表现为调整积极情绪的自我效能感。对于流动到异地的新移民知识人才而言，为了实现个人在移居城市的预期目标，个体的消极情绪调节自我效能感即个人是否相信自己有足够的毅力和勇气去面对陌生环境的困境，对他们的工作和生活产生非常重要的影响。因此，本研究将从探索性案例研究入手，分析我国新移民知识人才进行跨区域流动时面对逆境时的心理特征和特点，进而展开大样本问卷调查研究。

3.4.3　情绪调节自我效能感的测量

当前用来测量情绪调节自我效能感的常见量表归纳如下：

1. 卡普拉拉等（1999）的量表

卡普拉拉等（1999）尝试从积极情绪和消极情绪的角度来对情绪自我效能感进行测量。这个量表一共设计了 15 个题项，其中 7 个题项用来衡量爱、幸福等积极情绪的自我效能感，而 8 个题项用来测量愤怒、沮丧等消极情绪的自我效能感（Gerbino，2001）。卡普拉拉等还将该量表应用于青少年的羞怯研究，并且量表结果显著（Caprara，2003）。

2. 班杜拉和卡普拉拉（2003）的第一版正式量表

班杜拉与卡普拉拉的第一版正式量表将情绪调节自我效能感区分为：消极情绪的管理自我效能感和积极情绪的表达自我效能感。该量表采用五点计分法进行测量，一共设计了 14 个题项，其中测量积极情绪的表达自我效能感维度的有 5 个题项，测量消极情绪的管理自我效能感的有 9 个题项（Bandura，Caprara，Barbaranelli，Gerbino，Pastorelli，2003）。

3. 卡普拉拉（2008）修订的三维度量表

卡普拉拉（2008）设计了 12 个题项来测量情绪调节自我效能感的三因子二阶结构模型，其中 4 个题项测量感受正性情绪效能感，4 个题项测量调节沮丧/痛苦情绪的自我效能感，4 个题项测量调节生气/易怒情绪的自我效能感。通过跨文化的实证研究，该量表被证明具有良好的信度和效度（Caprara，2008）。

4. 田学英（2012）修订的四维度量表

田学英（2012）将情绪调节自我效能感的结构划分成四个维度：感受正性情绪效能感（POS）、调节正性情绪效能感（MPOS）、调节沮丧/痛苦情绪效能感（DES）和调节生气/愤怒情绪自我效能感（ANG）。该量表采用 5 点计分，一共设计了 18 个题项，其中有 6 个题项测量调节正性情绪效能感（MPOS），4 个题项测量感受正性情绪效能感（POS），4 个题项测量调节沮丧/痛苦情绪的自我效能感（DES），4 个题项测量调节生气/易怒情绪的自我效能感（ANG）。

5. 李琼（2011）修订的五维度量表

李琼（2011）一共设计了 24 个题项来测量情绪自我效能感的五个维度：调整内疚/害羞的自我效能感、调节沮丧/痛苦自我效能感、调节生气/愤怒自我效能感、调整尴尬的自我效能感和调整积极情绪的自我效能感。其中 7 个题项测量调整内疚/害羞的自我效能感，5 个题项测量调节沮丧/痛苦自我效能感、3 个题项测量调节生气/愤怒自我效能感、4 个题项测量调整尴尬的自我效能感和 5 个题项测量调整积极情绪的自我效能感。该自评量表采用 5 点计分法，1 分表示"完全不符合"，2 分表示"比较不符合"，3 分表示"不确定"，4 分表示"比较符合"，5 分表示"完全符合"。

6. 窦凯等（2012）和李琼（2011）修订的五维度量表

窦凯等（2012）用 17 个题项来测量情绪自我效能感的五个维度：表达快乐/兴奋情绪效能感（HAP）、表达自豪情绪效能感（GLO）、管理生气/愤怒情绪效能感（ANG）、管理沮丧/痛苦情绪效能感（DES）和管理内疚/羞耻情绪效能感（COM）。这个量表采用的是 5 点计分法，1 表示"非常不符合"，5 表示"非常符合"，在该量表中得分越高，就表示被试者的情绪调节自信度越高。

3.4.4 情绪调节自我效能感的相关研究

情绪调节自我效能感在多方面发挥重要作用，它会直接或间接对各种社会心理功能和个体行为等产生影响。目前，有关情绪调节自我效能感与主观幸福感、害羞、抑郁、压力应对等的作用关系已陆续开展了相应的实证研究。

1. 情绪调节自我效能感作为前因变量的研究

我国学者探讨了情绪调节自我效能感对个体的主观幸福感等心理健康水平以及个体对网络成瘾等行为的影响。如刘佩玲和黄时华等（2013）以聋哑学生为研究对象，结果表明，与普通学生相比，聋哑学生的情绪调节自我效能感以及各维度的得分较低。聋哑学生一般情况下以寻求支持的方式进行应对，而表达积极情绪自我效能感水平越高的聋哑学生，他们可能越愿意通过问题解决、寻求支持和忍耐的途径来进行应对。潘超超等（2013）以大学生为对象进行研究，结果表明，大学生的情绪调节自我效能感与网络成瘾呈现出负相关关系，他们的情绪调节自我效能感的水平会直接显著影响他们的网络成瘾程度。情绪调节自我效能感越强的大学生，越不容易网络成瘾。

2. 情绪调节自我效能感作为结果变量的研究

王佳慧和刘爱书（2014）以大学生为研究对象，通过实证研究指出，大学生儿童期是否受到虐待，对他们的情绪调节自我效能感产生重要影响，其中情感忽视的作用最为明显。李彩娜等（2015）的研究结果表明，在性别方面，男同学的情绪调节自我效能感比女同学的情绪调节自我效能感高，而初中一年级学生的情绪调节自我效能感要比其他年级的学生高。害羞对青少年情绪调节自我效能感发挥明显作用，在害羞与情绪调节自我效能感的影响关系中，内隐害羞观有调节效应。

3. 情绪调节自我效能感作为中介变量的研究

一些学者对情绪调节自我效能感的中介作用效果展开了研究。田学英和卢家楣（2012）通过实证研究，提出了外倾性和情绪调节自我效能感能够很好地对大学生正性情绪的变异做出解释，情绪调节自我效能感在外倾性与正性情绪之间的影响关系中起重要的中介作用。黄时华和蔡枫霞等（2015）以初中生为研究对象，结果表明，亲子亲合与情绪调节自我效能感存在正相关关系，学校适应与情绪调节自我效能感也存在正相关关系，情绪调节自我效能感在亲子亲合、亲子冲突与学校适应之间的影响关系起部分中介作用。王宴庆和赵鑫（2015）通过对大学生考试焦虑的分析指出，正念不仅与积极情绪效能感正相关，还与消极情绪效能感正相关，情绪调节自我效能感与考试焦虑负相关，管理消极情绪效能感对正念和考试焦虑的影响关系起到中介作用。张萍和汪海彬（2015）的实证研究表明，情绪调节自我效能感、外倾性人格特质、神经质均可以对大学生的主观幸福感进行较有说服力的解释，情绪调节自我效能感在神经质、外倾性及主观幸福感的影响关系之间发挥中介效应。刘锦涛和周爱保（2016）以农村幼儿教师为对象进行实证研究，结果表明，情绪调节自我效能感与心理资本以及工作投入均存在正向相关关系，并且在心理资本与工作投入的影响关系中起部分中介作用。赵鑫和冯正宁等（2016）认为，情绪调节自我效能感中的表达积极情绪自我效能感和管理消极情绪自我效能感两个维度均在青少年学生羞怯与他们的认知重评和表达抑制策略使用频率的影响关系中发挥中介效应。詹启生和李丹（2017）研究三所中学的学生心理韧性，结果表明，中学生家庭和谐不仅与心理韧性正向相关，还与情绪调节自我效能感正向相关，情绪调节自我效能感在家庭和谐与中学生心理韧性之间起部分中介效应。

3.5 流动倾向

3.5.1 人才流动的概念

人才流动通常指人才在离开原雇主前，与原雇主终止他们之间的雇佣关系而发生的行为。莫布利（Mobley，1982）认为，狭义上的人才流动是指人才不再从企业获得物质报酬后结束与原雇主劳动关系的过程。该定义不包含志愿者等义务用工的人员。普赖斯（Price，2001）认为，广义上的人才流动是指人才在成为组织的一员以后，用工状态发生的改变。此定义的范围较广泛，包括人才流入组织、在岗位上获得晋升或在职位上被降级、组织进行工作轮换以及流出组织等用工状态。综上所述，本研究将从狭义上的人才流动视角来研究新移民知识人才在不同组织间的流动倾向。

3.5.2 人才流动的分类

人才流动的类型可以划分成三大类。第一类是依据人才是否选择自动移动的情况，将人才流动划分成自愿流动与非自愿流动。自愿流动是指人才根据自己的意愿而采取的主动离开组织的行动，而这种流动可能归因于个人和组织两种因素。道尔顿（Dalton，1979）等对自愿流动进一步划分为功能性的流动和非功能性的流动两种类型，这种划分方法是从组织的角度进行考虑的。功能性的流动，是人才个人想采取流动的举措而组织不会太在意，因这个人才在组织里的评价不高，该人才的流动不会对组织产生不良影响。非功能性的流动，是指有流动意愿的人才在组织里评价较高、贡献较大，这个人才的离开对组织产生较大的负面影响，是组织希望保留的人才。阿贝尔森（Abelson，1987）把自愿性流动区分成两个类型：组织努力后可避免的自愿性流动和组织无法避免的自愿性流动。前者包括雇员对组织工作环境、工作的领导、工作报酬的不满等。后者包括人才怀孕、出国移民、照顾年幼孩子等。非自愿流动是指人才本人被迫离开雇主是由于组织主动提出辞退要求或被组织强制执行辞退行为，这种流动归因于三个方面：一是人才由于工作能力下降或生病等个人原因；二是由于公司发展不景气、停业整顿或经济萧条等组织原因；三是人才达到一定年龄不得不选择退休而离开组织。阿贝尔森（Abelson，1987）把非自愿性流动区分为两个类型：组织或经营者强制执行的流动和组织无法控制的非自愿性流动。前者包括主动辞退人才、人才达到年龄的退休、对人才实行解雇等。后者包括生病和死亡等。第二类是依据组织里的人才流动规律，陈婉梅和田建春（2010）将人才流动划分为显性流动和隐性流动。前者从人才的隶属关系进行考量，人才大多数以跳槽的形式来流动。后者是指人才本人虽没有与组织解除劳动雇佣关系，会采取迟到早退、抱怨等负面的行动继续留在组织里工作，但客观上已经形成了离开组织的事实行为过程。第三类依据人才的职业生涯流动视角来进行分类，特纳（Turner，1960）将人才流动分成比赛式流动和赞助式流动。比赛式流动鼓励人才自由争取晋升的机会，让人才看到职业前景和发展的希望，通过延缓甄选时间来最大限度上提升人才的士气。赞助式流动重视效率，会尽早甄选出合适的精英人选，并对其进行特殊训练和让其提前接受生活化。随后，罗森鲍姆（Rosenbaum，1984）在前两个模型的基础上，提出了夺标式流动。夺标式流动是指给组织里所有的人才都提供机会，在提供机会的同时会不断地进行甄选，并希望通过这一方式在增加效率的同时兼顾机会。考虑到新移民知识人才本身具有较明显的学历优势和较强的社会竞争力，本研究将从狭义上的人才流动视角来研究新移民知识人才根据自己的意愿而采取的主动离开组织的行为。

3.5.3　人才流动的模型

迄今为止，人才流动问题仍然是社会各界广泛关注的话题，在人才流动问题上，目前比较著名的理论模型主要有 March & Simon 模型、Mobley 模型、Price 模型、Steers & Mowday 人才流动模型、Arnold & Feldman 模型、Sheridan & Abelson 模型、Lee & Mitchell（1994）模型、Price-Mueller（2000）模型、Mobley，Griffeth，Hand & Meglino 模型、Bluedorn 模型、Jackofsky 模型、Szilagyi 模型和动态博弈模型等模型。

1. March & Simon 模型

马奇和西蒙（March & Simon，1958）建立的人才流动的模型，将劳动力市场和个体的行为模式融为一体，以此来研究人才流动。这一模型中涵盖两个主要流动决定变量，即流动意愿以及可能性。人才工作满意度及其对人才在企业间流动可能性的评价，是人才个人感觉从企业流出的合理性的决定因素中两个最重要的方面。考虑人才个人感觉流出企业容易程度的决定因素时，这一模型着重人才所看到的企业数目、其胜任职位的可获得性以及个人有意愿接受这些职位的程度。该模型为以后对人才流动的研究奠定了理论基础（见图 3 - 1）。

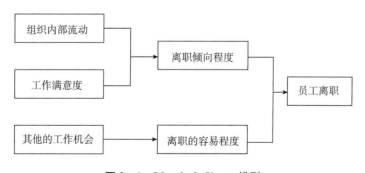

图 3 - 1　March & Simon 模型

2. Mobley 模型

在 March & Simon 模型基础上，莫布利（Mobley）提出有关雇员流出选择理论模型。1977 年，莫布利建立中介链模型。该模型主要表现了人才在工作满意度降低之后，继而会评估通过预期收益，促使人才产生寻找其他工作的意愿，并对可供选择方案进行比较，最终采取流动的决策。该模型使用了一些人才流动意愿等中介变量，详细描述人才对工作不满意和产生流动之间的心理变化过程，来阐明工作满意与人才实际流动之间的关系，奠定了流动意愿在人才流动研究中的学术地位。

莫布利在 1978 年的人才退缩行为模型中指出，人才的流动态度受个人变量、组织变量和市场变量的共同影响，由此导致了流动行为。在这个模型中，人才年龄与工作的满意度显著正相关；而个人工作满意度与流动想法、寻找新工作意图以及人才流动意向负相关。另外，找到其他工作的可能性也是个人选择流动时考量的关键因素。但该流动模型的不足之处在于，只为流动行为研究提供了理论框架，缺乏相关的实证研究（见图 3 - 2）。

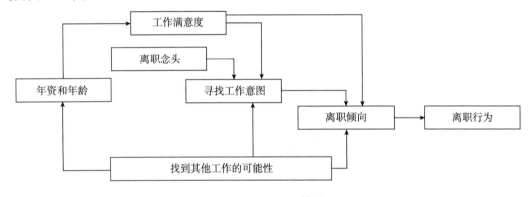

图 3 - 2　Mobley 模型

3. Price 模型

普赖斯（Price，1977）结合社会学、心理学、经济学多种学科建立的流动模型认为，正式沟通、集中化、融合性、交流媒介和手段与薪资导致人才具有不同程度的工作满意度；当人才对工作产生不满且组织外有相对较好的工作机会时，人才才可能做出流动的决策。该模型强调变量间的因果联系，综合考虑了个人变量和组织变量。然而模型的局限性在于，它忽略了人才在心理层面上的工作评价因素（见图 3 - 3）。

4. Steers & Mowday 人才流动模型

斯蒂尔斯和莫迪（Steers & Mowday，1981）的模型对以前的流动模型继续进行拓展和延伸，斯蒂尔斯和莫迪认为，工作期望和工作价值会对雇员的工作态度产生影响，同时也将配偶工作、个人留给家庭的时间等非工作因素纳入考虑范围。斯蒂尔斯和莫迪特别强调个体的差异会使变量的顺序发生变化。该模型包含了工作参与度、工作满意度和组织承诺度等人才主观态度变量，同时也留意到了工作绩效、组织特征和组织经验、工作期望和价值观等变量之间的交互作用对主观态度产生的直接影响（见图 3 - 4）。

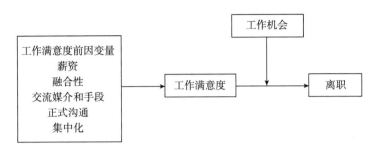

图 3 - 3　Price 模型

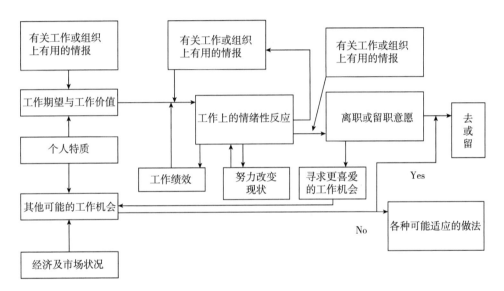

图 3 - 4　Steers & Mowday 人才流动模型

5. Arnold & Feldman 个人认知流动决策模型

阿诺德和费尔德曼（Arnold & Feldman，1982）提出的个人认知流动决策模型中包含了年龄、性别、婚姻状况、依赖人口、任期等人口变量。由于任期包含在个人与组织的关系之中，所以将任期从人口变量中独立出来。雇员对工作的认知和情感取向包括整体上人才的工作满足感、组织融入程度、期望的满足与冲突标准等。个人认知上的工作安全感是就工作的保障性而言。

6. Sheridan & Abelson 模型

谢里登和阿贝尔森（Sheridan & Abelson，1983）的"尖峰突变"模型突出了雇员从留职到产生主动流动行为的变化。该模型认为，人才流动是指人才退出在预测变量超过分歧面以后不连续的变化，并指出预测变量的线性连续函数不再是雇员向流动点发展的退出过程。

7. Lee & Mitchell（1994）模型

李和米切尔（Lee & Mitchell，1994）的"展开"模型首次指出可能有多条路径导致人才流动。近年来受到广泛关注。李和米切尔认为人才流动有四条路径，其中"对一个人的工作产生意义的外部事件，会引起对当前雇佣状态有意识的判断"即"系统震撼"是导致人才采取流动行为的原因之一。他们还指出，"震撼"会对雇员流动产生正相关、负相关或者零的影响。

8. Price-Mueller（2000）模型

普赖斯和米勒（Price & Mueller，2000）在2000年提出了新的模型，认为环境变量、个体变量、结构变量和过程变量是与流动有紧密关系的四类变量。其中，环境变量包含亲属责任和工作机会；个体变量包含一般培训、工作参与度和情感体验；结构变量包含自主性、工作压力、薪酬、晋升、工作常规性、结果公平性和社会支持等七个外生变量。在这个模型中，这些变量都是通过工作满意度和组织承诺来直接或间接来作用于流动的（见图3-5）。

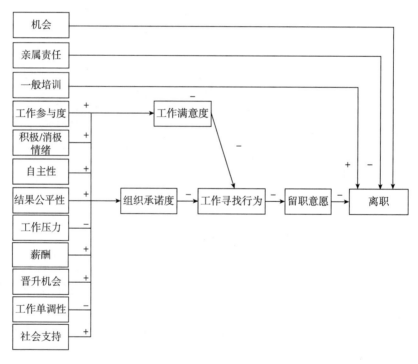

图3-5 Price-Mueller 模型

9. Mobley，Griffeth，Hand & Meglino 模型

莫布利、格里菲斯、汉德和梅格利诺模型（Mobley，Griffeth，Hand & Meglino 模型，1979）提出了冲动行为对流动的影响，用倒推的方式阐述了影响流动的各个因素。流动

倾向被陈述得越明确，人才流动倾向与流动行为之间的关系就越明显，因此流动倾向被认为是预测流动行为的最佳因素。而冲动行为会对流动倾向与行为之间的关系产生减弱的效应（见图 3-6）。

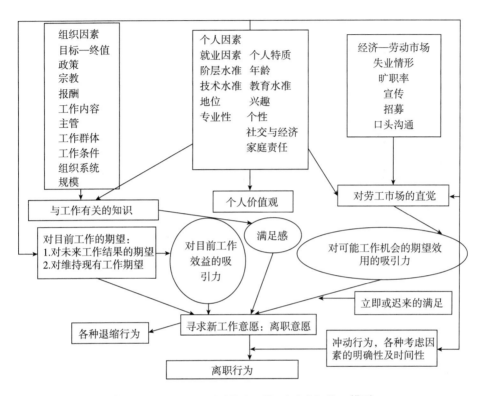

图 3-6　**Mobley，Griffeth，Hand & Meglino 模型**

10. Bluedorn 模型

布鲁多恩（Bluedorn，1982）的统合模型有一个因果程序，指出了升迁机会、集权、正式化、条件沟通、公平、报酬、例行化和成员整合等这一系列的因素会对人才的工作满意度产生正向或负向的影响。年龄、年资正向影响工作满意度，相反地，上司、顾客和家庭等因素可能会降低人才工作满意度，而教育和婚姻状况对工作满意度的影响不存在固定的方向。研究还指出，组织承诺是流动过程中的重要中介变量（见图 3-7）。

11. Jackofsky 模型

杰克夫斯基（Jackofsky，1984）模型强调了人才绩效的重要作用，认为工作绩效会影响人才离开组织的欲望性和离开组织的容易性。该模型指出，与奖赏等与工作关联的刺激会显著影响绩效，会使高绩效的人才产生较高的工作满意度，进而减小他们的流动倾向；相反则容易使得高绩效的人才对组织产生不满意的情绪，或引起高绩效人才评估他们自身流动容易性。然而个人差异对"绩效和流动欲望"影响力的研究却是不明确的。该模型也提到劳动力市场情况、年资和就业机会的期望等部分的决定因素（见图 3 – 8）。

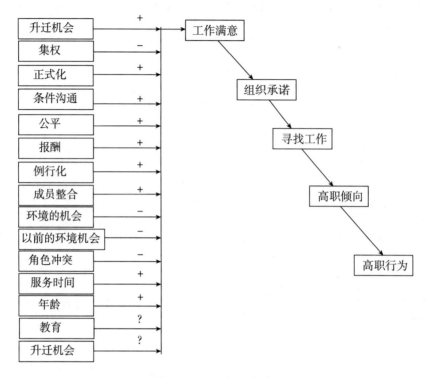

图 3 – 7 Bluedorn 模型

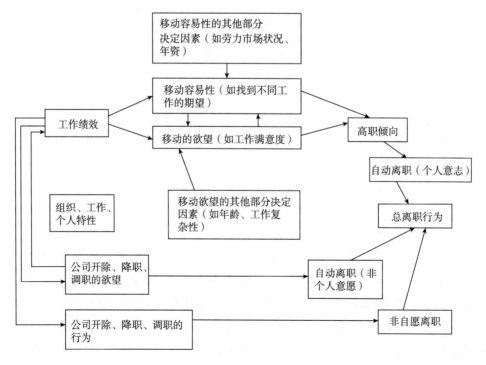

图 3 – 8 Jackofsky 模型

12. Szilagyi 模型

西拉吉（Szilagyi，1979）认为，工作特质、工作环境及人才特质等因素对人才流动产生重要影响，并且组织层次的不同也会影响流动的变化。组织在招聘新人才时，流动变量可分为可控制变量和不可控制变量。对于一些潜在的流动者，既要考虑人才个体特质，也要考虑事先阻绝。一般情况下，可控制的变量包含工作环境、领导形态和组织结构，而不可控制的变量表现为外在工作机会和劳工短缺等（见图 3 - 9）。

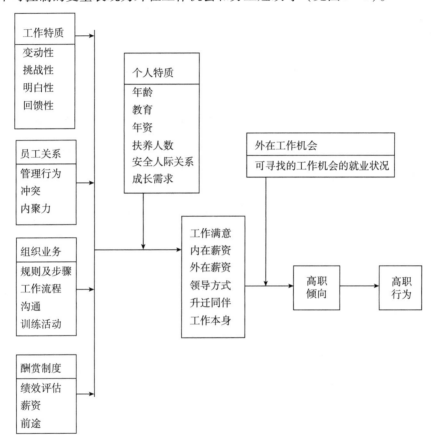

图 3 - 9　Szilagyi 模型

13. 动态博弈模型

陆玉梅、高鹏和刘素霞（2015）的动态博弈模型考虑了不同劳动力市场影响下企业社会责任投入和人才流动行为之间的博弈关系。该模型指出，当企业进行社会责任投入所获收益低于成本时，企业就会进行较低的责任投入。而当企业从社会责任投入所获收益高于成本时，企业提高社会责任投入的可能性会增加，也会参考与在职成本相关的人才流动倾向；在混合均衡策略中，人才给企业带来越高的在职成本，企业高责任投入的可能性就越低。企业社会责任投入所获得的收益成本比越高，人才流动的可能性就越高；当不明确劳动力市场类型时，企业和人才的行为不仅决定于企业社会责任投入产出比，还取决于该市场条件下，人才在职的机会成本以及劳动力市场的先验概率。

3.6 跨区域流动倾向

人才的流动不仅影响到企业的用人数量，还影响到一个地区的人才数量，因此地方政府、管理界和学术界在提及人才流动问题时，都非常关注人才的跨区域流动问题。现有的区域流动研究成果通常把影响人员进行区域间流动的因素归结为三个层面：社会因素、组织因素和个人因素。社会因素主要包括宏观经济状况、产业结构和工资收入政策等；组织因素主要包括工作环境和人际关系等；个人因素主要包括年龄、婚姻状况和子女教育责任等。

（1）从社会层面的影响因素来看，人员进行不同区域间流动主要是受到收入差异、区域内企业规模和产业集聚等方面的影响。如郭书田（1995）的研究指出，长期以来城市居民与农民工在各种社会福利方面存在极大差异，收入差异是影响农村劳动力进行区域流动的主要原因之一。特别是近几年来，农民收入与城市居民收入的差别在一度缩小之后又再次拉大，恢复并超过了改革开放前1978年的比例，这是"民工潮"加剧的直接动因。而区域经济发展和收入水平密切联系到农村劳动力流动，并呈现一定的规律性：经济水平越低，一般农业剩余劳动力向异地非农产业转移的比重越大；经济水平越高，经营技术性劳动力流动的比重就越高。范剑勇、王立军和沈林洁（2004）强调，产业集聚与人才区域流动之间存在正相关关系，如果某地区产业发生集聚的情况时，就会出现大量的人才流动到这个地区就业。宋洋（2008）通过实证分析指出，我国省际区域收入差距是劳动力从不发达地区流动到经济发达地区的关键影响因素。彭邓华（2009）研究表明，区域内毕业生的就业薪酬水平和区域内企业规模是影响毕业生就业区域流动的重要因素；高质量的生活环境，比如生态环境、居住环境、出行环境、教育环境和娱乐环境，有利于吸引人才，减少毕业生到不同区域流动就业的行为。孟令熙（2011）通过分析高新技术企业研发人才的流动影响因素后指出，当地环境因素、当地公共设施和收入水平对研发人才的区域择业意愿具有显著性影响。刘于琪等（2014）的实证研究认为，户籍因素、社会网络、社会认同、生活满意度和地域差异等因素对城市新移民的定居意愿产生了重要影响，其中与本地人交往和社会认同是智力型新移民定居意愿的决定性因素。

（2）从组织层面的影响因素来看，人员进行区域间流动主要受工作自主权、组织匹配度等方面的影响。张正堂（2007）通过实证研究表明，工作自主权、职业发展度、程序公平、感知的人与组织匹配通过工作满意度负向影响知识人才的异地流动意图。侯胜朋（2015）以兰州市企业知识人才为研究对象，研究结果表明，组织嵌入负向影响欠发达地区知识型人才在不同区域的流动倾向，其中组织联结和组织匹配负向作用于知识型人才的区域流动倾向。

（3）从个体层面的影响因素来看，人员选择在不同区域间流动主要受年龄、婚姻状况和子女教育责任等方面的影响。张正堂（2007）通过实证研究表明，子女教育责任、绩效可观测性对苏北地区的知识人才异地流动意图有正向的显著影响，尤其是他们对子女的教育责任对他们的异地流动意图产生了重大影响。侯胜朋（2015）的研究表明，年龄和婚姻状况在区域流动倾向存在显著差异。年龄较大的人才在工作和生活方面处于稳定状态，相对于年龄较轻的人才而言，表现出较低的区域流动倾向；已婚、有子女的知识型人才因肩负更多的家庭责任和经济压力，相对于未婚或离婚无子女的知识型人才而言，表现出较低的区域流动倾向。

综上所述，现有文献研究大多数的分析都停留在宏观层面的理论分析，有关人才跨区域流动倾向的实证研究还比较匮乏，因而存在很大的研究空间。针对以往研究的不足，本研究将在后续的研究中，从探索性案例研究入手，分析我国新移民知识人才进行跨区域流动的特征和特点，并构建跨区域流动模型，进而展开大样本问卷调查研究。

第4章

新移民知识人才跨区域流动探索性案例研究

4.1 定性访谈研究的目的

从现有的文献来看，有关工作嵌入如何影响新移民知识人才跨区域流动机制的研究还尚未明确，存在诸多亟待解决的研究问题。鉴于现有的知识基础和研究文献无法给本研究提供合适的理论框架，从而本研究尚未形成确切的理论假设。根据殷（Yin，2003）的建议，这种研究适合做定性研究，而访谈法是定性研究中资料收集的主要方法之一。本研究采取半结构化的方式进行访谈，以访谈提纲为辅助工具，向受访者提出结构性问题的方式来获取研究资料。本研究的目的在于：

（1）通过对流动人口密集的省市城市的新移民知识人才进行访谈，对工作嵌入、社会经济融合、消极情绪调节自我效能感的概念维度进行重新细化和评价；

（2）尝试通过对新移民知识人才的访谈，了解其隐藏在背后的不同区域间的流动动机，以进一步探索工作嵌入对新移民知识人才跨区域流动的内在机理、路径影响和作用机制；

（3）尝试通过对新移民知识人才的访谈研究，探索影响新移民知识人才跨区域流动的内在机理和规律性，对现有理论进行扩展和补充，形成理论假设，进而构建新的概念模型；

（4）为后续的问卷设计提供参考依据。

4.2 定性访谈的研究设计

4.2.1 研究方法的选择

本研究采取半结构化访谈法，以事先设计好的访谈提纲为辅助工具，向受访者提出结构性问题，围绕新移民知识人才在移居地的工作和生活状况以及影响他们在移居地跨区域流动倾向等因素进行定性访谈，该方法所获取的信息比较丰富，收集的研究资料也比较全面。

4.2.2　研究流程

根据本研究围绕定性访谈的目的，综合各位学者的观点，本书的定性访谈研究流程分为 5 个阶段：（1）界定研究问题、目的和边界；（2）选定研究对象和设计访谈的提纲；（3）约定访谈对象，与其定好访谈时间和地点，并采取半结构化的访谈方式进入现场收集数据；（4）整理访谈录音与笔记，与受访者核对访谈中模棱两可的内容。进行案例内和案例间的数据分析；（5）在比较和验证的基础上对访谈资料进行归类分析，寻找其规律，并构建概念模型和形成初始假设命题。最后，本研究在后续研究中将新构思的理论框架及初始假设命题与已有的文献进行比较，对现有理论进行扩展和补充，并以此构建新的概念模型。

4.2.3　研究样本的选择

考虑到多案例研究能通过案例的重复支持研究的结论，从而提高研究的效度（Eisenhardt，1989），而且能增加研究结果的普适性（Johnston Leach & Liu，1999）。因此，本研究采用多案例研究设计。按照艾森哈特（Eisenhardt，1989）的建议，4~10 个案例是归纳中使用原始案例的理想数量。考虑到理论构建的基本要求和案例研究的成本费用，本研究最终选择了 8 名新移民知识人才作为研究访谈对象，采用理论抽样的方式进行，具体选择标准如下：

（1）为了保证案例研究的行业代表性，本研究选择的案例企业具有一定的行业分散度，其所在行业包括医疗业、制造业、金融业、通信业、化工业、零售业等。

（2）为了确保多个案例的差异性，本研究选择了在流动率较低的国企以及人才流动率较高的初创企业和快速消费品等企业工作的新移民知识人才。

（3）为了获得多个案例反复验证的效果，本研究选择了丰富的职业类型（质量工程师、销售专员、财务管理人员等），不同年龄代际的劳动力市场主力军（"70 后""80 后""90 后"），工作年限从 1 年到 16 年不等。

最后，考虑到访谈的成本和可行性问题，以及定量研究的问卷调查范围，本研究的访谈对象为具有较高跨区域流动倾向和较低跨区域流动倾向的在移居地工作的 8 名新移民知识人才。

4.2.4　研究资料的收集

本研究主要采取现场半结构化深度访谈的方法，访谈对象是新移民知识人才。在正式访谈之前，依据文献梳理构建的理论模型，设计了访谈提纲。通过电话与访谈对象取得联系后，使用电子邮件等方式将访谈邀请函和访谈提纲发送给访谈对象。并与访谈对象约定具体的访谈时间与地点。在访谈过程中，笔者首先询问对方是否可以允许录音，随后按访谈提纲设计，分模块访谈，并做记录，尽量与访谈对象保持融洽、友好的交流氛围。访谈结束后利用录音将访谈内容整理出来供分析使用。

为提高研究效度，本研究在访谈之后，对访谈对象表述不清楚的内容，还通过电话、E-mail 或者再次会面等形式，进一步向访谈对象求证，以补充缺失信息，并整理和核对信息记录的准确性和完整性。此外，本研究还对访谈的笔记、录音资料等资料进行归档，并且对访谈者调研所生成的文字叙述和分析材料等进行分类和编码。

4.2.5 数据分析方法

根据艾森哈特（1989）的建议，本研究将多案例分析分为案例内分析和案例间分析两个部分。

（1）在案例内的分析过程中，本研究采用内容分析方法对资料进行编码。在内容分析过程中，本研究采取分工合作的方式，首先，选择了包括笔者具有专业人力资源知识和丰富项目经验的研究人员作为数据编码人员，并共同设计了编码方法；其次，按照既定的编码规则进行独立编码；最后，将三个编码进行相互对照，讨论、确定最终的编码方案。具体而言，本研究根据资料对各个主要变量进行开放性编码、选择性编码和主轴编码，以此识别各个变量特征及相互关系。

（2）在案例间的分析过程中，根据格拉泽和斯特劳斯（Glaser & Strauss，1967）的建议，本研究采用分析性归纳的方法。根据这一方法，本研究在对各个访谈者进行内容分析的基础上，将所有访谈者包含的变量平行分析，反复比较，进而明确各变量之间的相关性与因果关系，并基于此提出初始的理论框架和假设命题。

4.2.6 访谈案例介绍

根据研究设计要求，本研究选择了 8 名新移民知识人才作为案例研究对象，表 4-1 描述了这 8 名新移民知识人才的基本情况。在访谈前，笔者提前一个星期将访谈提纲以电子邮件方式发送给访谈者，帮助访谈者了解访谈内容，并消除访谈者紧张情绪。在访谈大纲的引导下，以研究者与访谈者互动的方式进行。这 8 名访谈对象均为大专以上学历，因工作调动、创业或毕业等原因留在移居地工作的外地人，即新移民知识人才，访谈时间在 0.5~1.5 个小时不等。笔者遵守案例分析惯例和访谈时对访谈者的承诺，略去了访谈者的姓名，以英文字母代替。

表 4 - 1　　　　　　　　　　　　访谈者的基本情况

访谈者代称	年龄段	学历	职位	移居地工作时间	行业
访谈者 A	"70 后"	本科	财务科员	16 年	医疗行业
访谈者 B	"90 后"	本科	质量工程师	3 年	运输业
访谈者 C	"80 后"	本科	客户专员	10 年	通信业
访谈者 D	"90 后"	本科	技术员	1 年	化工业
访谈者 E	"80 后"	研究生	部门经理	4 年	零售业
访谈者 F	"80 后"	本科	行政文员	2 年	制造业
访谈者 G	"90 后"	本科	客服经理	3 年	金融业
访谈者 H	"80 后"	本科	销售专员	4 年	金融业

访谈者 A

男，"70 后"，黑龙江人，本科学历。专科学的是会计电算化，本科毕业于某党校转学法律专业。毕业之后先在家乡工作 1 年，2002 年辞职来到华南地区某沿海城市，之后一直在某公立医院从事财务工作。总工作年限为 16 年，其中在移居地单位就职 15 年。现未婚，无小孩。经济压力不大，有稳定住房。父亲比受访者更早来到该公立医院任职。

访谈者 B

女，"90 后"，贵州人，本科学历。2012 年 6 月毕业于北方某院校，专业是安全工程管理。毕业后通过校园招聘直接到沿海某城市发展，在某大型港务运输企业安全管理部门就职，担任安全管理相关工作，自毕业后已在该公司工作了 3 年。目前未婚，有男朋友，男朋友一直在老家工作，因为职业的特殊性，无意前往受访者移居城市共同发展。

访谈者 C

女，"80 后"，重庆人，本科学历。2005 年毕业于南方某院校旅游英语专业。自毕业后与男朋友一起来到沿海某城市打拼了 10 年，目前已在某大型通信企业集团客户部工作了 3 年。在生活的城市里有车有房，拥有本地户籍，但未婚，每年会回家乡看望父母。

访谈者 D

男，"90 后"，湖北人，本科学历，毕业于湖北某理工院校工科专业，在某沿海城市一家石油化工类大型国有企业技术部门工作。未婚，经济压力较大，长期与女朋友两地分居。

受访者 E

男，"80 后"，安徽人，研究生学历。2009 年毕业于北京某大学贸易专业。毕业之后在广州工作 2 年，从事贸易相关工作，2011 年因工作调动来到某沿海城市。在央企从事贸易方面的工作长达 4 年，并有在不同城市工作的经历。未婚，居住在公司提供的宿舍，经济压力总体不大。

受访者 F

女，"80后"，海南人，本科学历。2007年毕业于南方某大学英语教育专业，毕业之后在家乡的一家国企工作半年后，来到某沿海城市一家民营企业的人力资源部担任人事行政工作。未婚，居住在公司的集体宿舍，在本地无购房计划。

受访者 G

男，"90后"，湖北人，本科学历，2012年毕业于武汉某大学过程装备和控制工程专业。在家乡某大型国企工作2年后前往华南区域的某沿海城市工作，目前在某大型保险类上市公司企划部工作。现已婚，无小孩。经济压力不大，有稳定住房。受访者过年会回老家探望父母，寒暑假期间在教育行业工作的父母也会过来该城市度假。

受访者 H

女，"80后"，海南人，本科学历，2008年毕业于湖北某大学市场营销专业。实习一年后，留在东部某沿海城市即毕业学校所在地工作，就职于某外资企业的销售岗位。未婚，租房。

4.3 案例讨论与变量发展

4.3.1 工作嵌入分析

访谈者 A

受访者A对单位的企业文化表现出较高的满意度，认为工作环境舒服，自己能够很好地融入工作当中。正如他说，"这里工作没什么压力，也没有出错的机会……"人际关系对工作产生重要影响，他谈到刚进入单位时与同事有冲突，但自己能够很好地处理与同事间的矛盾。同时，受访者认为自己具备较强的与同事沟通的能力，例如，"我刚来的时候非常较真，对每件事情一定要辨别出是非，随着时间的推移，我对同事之间关系的处理会比本地人做得更好。"在专业匹配度方面，受访者所学的会计电算专业，与现从事的财务工作专业匹配度较高。此外，在该单位工作后，受访者A工作技能有所提升，如"在这个单位，所有的技能我都可以现学"。单位还给人才提供丰富的培训机会，受访者提到，"我们有自己的培训系统，单位会提供培训机会，上岗前都有上岗培训"。受访者工作嵌入表现为"高"水平。

访谈者 B

对于工作氛围，受访者表示："我现在要做的这个安全标准化，就是要和各部门一起做，但是因为其他部门没有参与这个工作，不了解你要做哪些，我们就要和他们去对接，告诉他们要做什么。这个公司就是这样，很难推动工作。沟通太难了，每个部门就觉得你（这样）是额外给他们增加工作量的那种……"同时，受访者不太认同该公司的企业文化，例如，受访者提到"企业的文化观念是无法靠自己企业的人才改变的，因为有些观念都已经根深蒂固了，比如一些资格老一点的有专业资质的人才都去外面接私活了，肯定不愿意再为这个公司做什么了……""公司就是这样，人才的建议从来不会去采纳，公司搞微创新都是虚的……"另外，受访者对薪酬表现出不满情绪："工资太低了，我现在干三年了，拿到手的可能就只有两千块钱左右""工资待遇实在很低……"有关晋升空间，"公司的机制是有问题的，它鼓励不了年轻人，尤其是新招的大学生，今年到 7 月份，已经走了四十多个（人才）了……""你看我们现在是十几级，等我们爬到前面的时候可能已经四十多岁了，这里的人才真的看不到希望"。受访者工作嵌入表现为"低"水平。

访谈者 C

作为一名普通职员，受访者谈及企业工作氛围时提到，"我觉得我们的工作氛围还是蛮好的，这是跟我所在的部门有关系吧，我们的部门（工作）是把产品跟客户的需求结合起来，所以没有死气沉沉或者没有生机，我觉得这一点还是不错的……"谈及与上司的关系，受访者谈道，"我们是做集团客户的，比较擅长沟通，上司是长辈，虽然比较严苛，沟通相处的还是不错的。"在放弃了学校所学专长后，虽然现实工作与理想有差距，但受访者还是表现出积极学习的心态，"这个领域还有更多的知识值得我去学习"。受访者很重视在公司里的学习成长机会，例如，受访者提到，"我会参加职业资格的考试，我也会去学习做产品和怎么更好地去做产品推广，在自己不是特别成熟的时候我也会跟部门前辈去学习……"同时，在公司里有很多学习的前景，正如受访者表示，"这个领域还有更多的知识值得我去学习"。受访者工作嵌入表现为"较高"水平。

访谈者 D

关于工作氛围，受访者谈道，"我们的工作是分小组进行的，存在着竞争关系，但是不太良性，不是那种我做得好你要做得更好的竞争，可能是你做得好，别人会让你做得差一点。各个小组有组长，组长之间会有类似的博弈。我不太喜欢这种氛围，就是你们这个小组上晚班，然后我过来接班，接班的时候会故意调动电脑里的小程序、小设置，导致后面的生产状况不佳，这个对整个后面的样品检验会有一定的影响，也对整个小组的考核有影响，我觉得这是一种恶劣的行为，很没意思""像这种大家互相拖后腿的氛围是我不太喜欢的""感觉工作有点死气沉沉、比较无聊。"在培训和职业生涯方面，受访者表示，"公司里面没有系统的培训，在学习方面纯粹靠自己去学习，偶尔会安排一些培训，但是不系统，你自己想要提升的话，难度还是挺大的""公司里的裙带关系很严重。我算了一下，从技术员升到主任，起码是 10 年，主任之后的路就更不好说了，就算你表现再突出，没人提拔想往上升是件非常困难的事情""毕竟我还年轻，会想得远一点，会考虑未来的发展。如果这一辈子就定在主任那个级别，而没有更多的施展机会，我觉得才华被浪费了"。受访者工作嵌入表现为"较低"水平。

访谈者 E

受访者言语之间表现出对工作氛围和工作环境的喜爱，例如，受访者谈道，"公司的工作环境还可以，我们的办公楼是当地最新的办公楼，号称是等级最高的办公楼了。"同时，公司和谐的工作氛围和融洽的人际关系对工作产生重要影响。例如，"我跟公司的人很熟，跟他们的交往也很不错，和他们的关系都很好……公司的氛围比较好……"此外，专业技能与岗位高度匹配也使受访者在工作中如鱼得水。正如受访者指出，"公司是做大众商品的贸易，我本来专业就是学贸易的，我学的专业和现在所做的事情都是我的兴趣所在。工作很匹配，专业对口。"自从调动到移居地工作后，受访者职位得到了提升，薪酬方面也有所增加，而且还实现了职业目标。例如，受访者表示，"从广州调到这个城市后，我不仅得到了职位上的晋升，收入也有所提高，福利待遇比较让人满意，自己业务的权限也扩大了"。受访者工作嵌入表现为"高"水平。

受访者 F

关于公司的管理，受访者指出，"公司的管理比较混乱，大股东是基本不管事的，二股东主要负责管理，他们常有冲突……"同时，公司人际关系紧张，例如，受访者谈到，"我们公司的办公室跟厂线是分开的，公司的办公室的人员除了前台，大部分是大学生，而厂线的人才跟我们的学历差别很大，他们十多岁就出来打工了，大家的价值观各方面都不一样，另外他们对我们有排斥，不愿意跟我们办公室的人一起去玩"。受访者工作嵌入表现为"低"水平。

受访者 G

公司的氛围和同事关系对工作产生重要影响。例如，受访者谈道，"我在这家公司工作三年了，适应了这里的工作节奏，这里的企业文化和公司氛围很好""同事之间的关系，是一种良性的关系。"谈及与上司的关系，受访者提到，"我们经理是一个思维很活跃的人，抛出一个问题给他，他会用各种思路去解决，这是我很佩服他的一个地方。"在技能培训方面，受访者表示，"目前所在企业，人才的培训系统比较完善，经常会有培训，包括从各个方面针对性的培训，也有可自愿报名参加的培训课程。在这里跟外面的交流比较多，我的眼界和格局都会变得更大一点，跟自己相比，从我工作以来到现在，各方面来讲，确实是有收获的。"关于企业的薪酬考核制度，受访者谈道，"公司会根据你的绩效做一个考核，工资每年都会有增长，是按百分比增长的，这种机制很合理""从发展前景来看，我这边的工资，不管是涨幅还是职业生涯规划，都会更好一点，五年之后感觉会更好""公司给所有人才都会买商业保险，让人才有基础保障，这是其他企业很少有的。"关于晋升机制，受访者提到，"公司有一个评级，晋升是从 D 到 A 的一个等级，我现在是 D1.0，我技能可以提升到 D2.0，可以一直这样往上增加，也就是你的专业度在上升，这样你能够得到晋升，也能提升薪酬"。受访者工作嵌入表现为"高"水平。

受访者 H

关于上司的领导风格，受访者 H 指出，"……我的高管她十分苛刻，会给你施加非常大的工作压力，还会跟你谈条件，然后用各种利益相关的东西去与你做交换……"对于公司的人际关系和工作氛围，受访者 H 提到，"企业整个氛围都不太融洽，上班的八个小时里大家都很忙碌，都在忙自己的事情。哪怕是主管牵头搞活动，很多当地的人都不愿意去参与这些活动……""……这里的工作环境，只有少数几个人感觉到和善吧……"在职业发展方面，受访者指出，"公司的培训不系统，公司要么会占据一些你下班时间进行培训，要么是在工作中穿插的一个培训……""……公司的领导层会有意地缩小人才的发展空间，这在一定程度上限制了我的发展……"受访者工作嵌入表现为"低"水平。

4.3.2　社会经济融合分析

访谈者 A

受访者 A 在移居地沿海城市工作稳定、收入稳定，比如受访者提到，"这边一个月挣 1500 元会比北方挣 2000 元过得更舒服""现在我在这座城市已有两套住房。"受访者 A 的社会经济融合表现为"高"水平。

访谈者 B

受访者工资水平在市场上属中等偏下水平，例如，受访者谈道，"你的家没有在这里，即使你家在这里，你以后怎么养孩子，你根本没法生活。对我来说，一个外地人，要生活，要买日用品，根本不够的，所以就觉得太低了……"同时，受访者表示公司提供的住宿条件恶劣，而且宿舍周围的治安环境也不尽人意。例如，受访者提到"各方面条件都不好，安全管理不到位，宿舍没有安装空调，也没有电风扇，公共设施陈旧，甚至没有大学宿舍好……"受访者 B 的社会经济融合表现为"低"水平。

访谈者 C

受访者在当地有房有车，例如，受访者谈道，"我已经买房了，是新楼盘，业主很团结，交通也不错，自己也有车了"。受访者 C 的社会经济融合表现为"高"水平。

访谈者 D

受访者工资收入不高，住宿条件一般。正如受访者指出，"工资会稍微偏低一点，但是工作一年之后会有更多的一些事情要去考虑，比如房子，目前的薪酬没办法购买住房，而我又很讨厌去找家里拿钱""公司有福利房，但是工作一两年在首付方面还是比较难的""我住的是集体宿舍"。关于居住环境，受访者谈道，"这里发展工业，空气经常是重度污染，环境现状很恶劣"。受访者 D 的社会经济融合表现为"低"水平。

访谈者 E

受访者在移居地城市收入在当地属中上收入水平，总体上没有承受太多的经济压力。正如受访者指出，"在这里拿的工资，我觉得够了。我住宿不用花钱，平时买东西的消费也不高，我觉得我的日子过得挺轻松的，在 2011～2012 年时拿到手的工资就有 5000 多元。""这个城市的生活成本不高。"对于住宿，受访者也比较满意。例如，受访者提到，"到了这里以后就觉得这个城市的氛围包括生活的成本等各方面都挺合适的。我和几个同事一起住，公司的住宿硬件环境很不错，住宿是央企自己开发的楼盘，前几年在当地全是最高档的，住得不错。"此外，便利的上班交通条件也很吸引受访者。例如，受访者指出，"我们不是住在（城市）最核心的区域，很少出现堵车，我们住的地方离公司不远，大概每天十分钟车程，上班的路上不会遇到苦恼的事情"。受访者社会经济融合表现为"高"水平。

访谈者 F

受访者居住在公司集体宿舍，在本地无购房计划，对于居住环境和城市交通，受访者谈道，"我住在工业区的宿舍里，工业区基本都在郊区……你周末即使有时间，也很难出去玩，交通非常不方便……""公司的宿舍在工业区，我不适应工业区的生活环境，有钱没地方买东西，而且超市里就那几样东西""一到周末大家都出去，我懒得出去，等车就是一个很大的问题，好不容易上了车，车上却很挤。"对于收入，受访者表示，"我的工资有 1800 元，也不高"。受访者社会经济融合表现为"低"水平。

访谈者 G

受访者 G 已在移居城市购房，关于住房和居住环境，受访者谈道，"在这里买房了，我和我老婆两个人一起付的首付""我们居住的环境还不错，就是楼比较老一点，我买的是二手毛坯房，2009 年的，上海炒房的丢在这边的。我们现在已经住进去了，小区不大，绿化一般般，但小区外面的街道还是比较干净的"。在工资收入和福利方面，受访者表示："工资每年都会有增长，是按百分比增长的，这块算是挺不错的。同时，公司给予个人保障（方面）的福利比其他公司多得多，像团体保险，别的公司不一定会有，我们这边有商业保险、医疗险、意外险等，我在这里是有保障的"。受访者社会经济融合表现为"高"水平。

访谈者 H

关于当地的物价消费和住房，受访者 H 指出，"……除了租房，我还要买一大批的日用品，开销比较大……""我的月薪买不起当地半平方米的房子，如果想结婚，按照我和男朋友两个人的工资收入水平，都不敢在当地买房，我感觉买房的压力好大，而我自己又是那种不喜欢依靠父母的人……"。受访者社会经济融合表现为"低"水平。

4.3.3 消极情绪调节自我效能感分析

访谈者 A

受访者虽然具有较多的负面情绪，但表现出较强的消极情绪调节和驾驭能力，比如"我就是心态比较好……""……我只要是看清了人与人之间的关系，我对关系的处理会比本地人做得更好"。受访者的消极情绪调节自我效能感表现为"高"水平。

访谈者 B

受访者时常表现出较多的消极情绪和较差的情绪调适力。"我一直都想放弃……我现在是想说，其实来的那一年我已经后悔了……""这里的气候我适应不了，一热我就……"受访者的消极情绪调节自我效能感表现为"低"水平。

访谈者 C

受访者在面对环境和不同的事件时，往往表露出较积极的态度。例如，受访者谈道，"该做的事，我在任何一个阶段都清楚自己的职责，做好自己应该做的一些事情，并把它完成好。""这里和自己原来的生活环境不一样，我刚来的时候不习惯这里四季不分明，都会有不习惯，但气候你怎么改变得了，既然来了，就选择适应它"。受访者的消极情绪调节自我效能感表现为"较高"水平。

访谈者 D

谈及组织氛围和人际关系，受访者表示，"这里的氛围还是不太适合我，我的性格是属于那种比较跳的。""其实这个工作中，专业方面倒是没有太大的问题，主要的时间还是花在人际关系上面。在处理人际关系时我觉得自己有很大的压力，因为我性格比较直，有时候说话会比较容易得罪人，有时偶尔会得罪人可能连我自己都不知道……""有时候我会带着情绪工作，会导致情绪不太好"。受访者的消极情绪调节自我效能感表现为"低"水平。

访谈者 E

在应对消极情绪方面，受访者具有较高的自我效能感，正如受访者表示，"刚来到这里的时候，因为我们是一个独立的公司，要承担独立的任务和业绩指标，除了承担我们之前在广州的业务，还有新的业务，不过它是考核一个团队。起初整个公司的业务团队有些迷茫，我当时也是半老不新的人，也能感受到那种绩效考核压力，那是跟我们每个人都密切相关的团队考核。最后，我们团队一起解决了问题"。受访者的消极情绪调节自我效能感表现为"高"水平。

访谈者 F

对于移居城市的工作和生活，受访者也表现出无奈感，比如，"这个城市很大，工作节奏很快，每天去上班，一眨眼就到下班的时间了……，我适应不了这里。""我觉得我不太适应这份工作，因为我们工厂大部分业务是靠关系拉来的，有一些人才关系户，领导是放任不管的。公司的股东经常有冲突，而我刚好在行政岗上，没有经验，很多事情处理不好。再说了，我也不是人力资源管理专业毕业的……""我适应不了这里的工作节奏，我周一到周五都待在工业区里，工厂和宿舍每天两点一线，工业区基本都在郊区，周末才出去。你周末即使有时间，也很难出去玩，交通非常不方便，这也是我不太适应的。""我适应不了生活环境。"在消极情绪调适和掌控方面，受访者也常常产生一种无力感，例如，"我的工作压力太大，以我的能力去处理现在的工作太挑战了……再说了，我也处理不好这些消极的情绪。""总的来说，我自己的适应能力很差，我承认"。受访者的消极情绪调节自我效能感表现为"低"水平。

访谈者 G

在生活方面，受访者谈道，"刚开始对这边的饮食会有一点不太适应，最大的差异在于饮食太清淡了，这种清淡我不太能接受，因为我爸是吃特辣的，所以我也是会吃得偏辣偏咸，刚刚过来这边一个月我就瘦了 12 斤，就是因为饮食不习惯，慢慢习惯了之后我的体重又长回来了，比以前还重。""刚来的时候可能是自己不熟悉这个地方，晚上去到黑暗的地方，会觉得不安全，但是熟悉了以后就觉得还好，可能是我的适应力还行吧……"关于工作，受访者提到，"这家公司的考核制度比较严谨，因为它结果导向的，每个人会负责自己项目的指标，你的指标不达标的时候，领导就会问你原因，其实有些问题并不是短时间内能解决的，但是领导会要你拿解决方案，你个人压力就会很大，这时候有压力，一方面会影响到年底的考核排名，另一方面如果你能解决问题就说明你有能力，如果你不能就说明你的能力有欠缺，这是衡量自己能力的一个标准。工作了三年后，适应了这边的工作节奏。""做自己力所能及的事情，不能做的事情去寻求帮助"。受访者的消极情绪调节自我效能感表现为"高"水平。

受访者 H

受访者 H 在异地遇到一些负面情绪的时候，关于处理的方法方式，受访者 H 指出，"我伤心难过时也没有找大姐姐或闺蜜好友倾诉，只能一个人承受着……""……我的工作压力很大，加上与男朋友感情上出了些问题，这些压力综合起来我承受不了"。受访者的消极情绪调节自我效能感表现为"低"水平。

4.3.4　跨区域流动倾向分析

本研究从访谈中所获得的资料对受访者的跨区域流动倾向水平进行分析，具体结果如表 4 - 2 所示。

表 4 - 2　　　　　　　　　　　访谈案例的跨区域流动倾向水平

访谈者	跨区域流动倾向
访谈者 A	"我从小对环境适应力就比较强，来到这边更是被环境同化了""……这么多年了，这座城市把我同化了，在这里工作没有什么压力，而且工作上也不容易出错，在内地找不到这样的工作了……"受访者的跨区域流动倾向表现为"低"水平
访谈者 B	"工资太低了，还是回家好……""我是独生子女，我过来了，就只有爸妈他们两个在家。而且我还有一个情况，我男朋友也在家里面，我是异地的，现在慢慢地年纪大了，也知道家庭很重要，一直都想回家。""来的那一年我就后悔了，已经想回家了。"受访者的跨区域流动倾向表现为"高"水平

续表

访谈者	跨区域流动倾向
访谈者 C	受访者对移居城市的依赖程度很高，例如，"……回到家乡就会想念这个城市……" "我男朋友在这里，我觉得跟自己爱的人在一起就是家，就算我在这里租房子住，我父母也过来了，那这里就是我的家了。"受访者的跨区域流动倾向表现为"低"水平
访谈者 D	"这里发展工业，空气经常是重度污染，环境现状很恶劣，就算是我有钱买个好房子，也隔绝不了环境，没法继续在这里生活。" "我实在是不喜欢这里，我可能会离开。"受访者的跨区域流动倾向表现为"高"水平
访谈者 E	"我比较适应也比较喜欢这个城市。" "我不太可能离开这个地区。" "这个城市很舒服。"受访者的跨区域流动倾向表现为"较低"水平
访谈者 F	"我们公司是在一个新建的工业区里面，我们的宿舍也是住公司里，一整天感觉过得好快，这种节奏我适应不了，工作半年后就想回家乡了。" "离开这个城市我没有想过会有什么损失。" "这些时间以来，我一直被负面情绪所主导，如果离开这里我会没有任何遗憾。" "我在这里不适应，一心想回家。"受访者的跨区域流动倾向表现为"高"水平
访谈者 G	"这边环境还是好很多，出于对未来的规划，这边也是值得过来的。" "我没有考虑过要离开这里。" "我的房子在这边，家庭也在这边。" "这里的环境不错，未来的前景也不错，我计划以后长期在这里生活。"受访者的跨区域流动倾向表现为"低"水平
访谈者 H	"在这里工作没有归属感，走的时候我也不会有念想。" "……就是因为在这样的环境之下，我最终选择放弃这份工作。" "像我这样的工资，走的时候心里也不会有什么缺憾。" "我觉得自己还年轻，还有很多机会，我做得不开心的话我就离开这里。"受访者的跨区域流动倾向表现为"高"水平

4.4　进一步讨论与命题发展

4.4.1　工作嵌入与跨区域流动倾向

在案例分析中发现，高水平的工作嵌入对跨区域流动倾向产生负向影响。虽然受访者 A 刚开始工作时对企业文化不是太满意，但随着时间的推移，自己能够逐渐融入工作氛围当中，正如他指出，"现在来讲，我已融入这个环境。"良好的工作氛围与和谐的人际关系是提高访谈者 A 对公司黏性的重要影响因素。再者，受访者 A 专科时期学习的是会计电算化专业，高度匹配现所从事的财务工作。同时，现在的工作单位给予个人培训机会，比如，"我们单位有自己的培训系统，会给我们提供培训机会。"受访者 A 认为在单位工作后技能有所提升，"我现在单位，所有技能都可以现学。"专业技能与现有工作的高度匹配、完善的企业培训机制对受访者 A 产生了重要影响，强的工作嵌入在一定程度上削弱了受访者 A 流动到异地的倾向，表现出对移居城市较高的归属感。正如受访者提到，"在这座城市里比我现在单位好的寥寥无几。""这么多年了，这里把我给同化了。""在这边工作没什么压力，工作上不容易出错，在内地找不到这样的工作。"

类似地，访谈者 C、访谈者 E 和访谈者 G 都具有较高水平的工作嵌入和较低水平的跨区域流动倾向。虽然访谈者 C 所学专业不能用于现在的工作岗位，但丝毫不影响受访者对工作的热爱。例如，受访者 C 在公司里与上司沟通顺畅、关系相处和谐，也很喜爱有活力的部门工作氛围。同时，访谈者 C 很重视在公司里的职业资格考试等学习成长机会，通过积极向部门资深老人才请教等方式提升专业技能水平。浓厚的学习氛围使访谈者 C 不断追求工作上的进步，由此可见，从工作中获得的满足感促使访谈者 C 把移居城市当作自己的第二故乡。受访者 E 十分喜爱公司的工作氛围和工作环境的，与公司的同事相处得也十分和睦。专业技能与岗位的高度匹配更是让受访者享受现职工作。例如，"……我们的办公楼是当地最新的办公楼，号称是等级最高的办公楼了。""我跟公司的人很熟……和他们的关系都很好……""……我学的专业和现在所做的事情都是我的兴趣所在。工作很匹配，专业对口。"自从调动到移居地工作后，访谈者 E 不但职位得到了提升，薪酬收入也有所增加，岗位职责权限也在进一步扩大。比如，"从广州调到这个城市后，我不仅得到了职位上的晋升，收入也有提高，福利待遇比较让人满意，自己业务的权限也扩大了。"高水平的工作嵌入对访谈者流动倾向产生消极的影响，例如，受访者 E 提到，"这家公司在中国做贸易是数一数二的，离开这家公司在工作上我可能会失去的东西比较多，我觉得会失去一个很好的平台。……我从来没有想过离开这个地区……"访谈者 G 与上司保持良好的工作关系，并能不断从上级身上吸取新的专业知识。丰富的培训机会、有竞争力的福利、设计合理的薪酬考核和晋升机制等深深吸引着受访者，正如受访者表示，"我在这家公司工作三年了，适应了这里的工作节奏，这里的企业文化和公司氛围很好。""从发展前景来看，我这边的工资，不管是涨幅还是职业生涯规划，都会更好一点，五年之后感觉会更好。"高水平的工作嵌入促使受访者对移居城市具有强烈的归属感和认同感。

相反地，访谈者 B、访谈者 D、访谈者 F 和访谈者 H 都具有较低的工作嵌入水平和较强烈的跨区域流动倾向。工作嵌入水平较低的访谈者 B 大学时期所学专业虽比较匹配所从事的安全管理工作，但受访者感知到在目前企业职业目标的实现很难，年轻人看不到希望，要想晋升到上层需经历漫长的时间。同时，受访者 B 不认可公司的企业文化和人力资源管理制度，认为公司的管理机制有问题，鼓励不了年轻人进步，且企业体制陈旧难以变革。在人际关系方面，受访者也感觉到部门间的协调工作无法开展，比如，"这个公司就是这样，很难推动工作。沟通太难了，每个部门就觉得你（这样）是额外给他们增加工作量的那种……"缓慢的薪酬增长速度、局限的发展空间和缺乏活力的激励机制等导致访谈者经常想回家乡发展。正如受访者表示，"来的那一年我就后悔了，已经想回家了。"访谈者 D 无法接受存在恶劣竞争关系的工作小组和大家互相拖后腿的工作氛围，而且不健全的培训体系和裙带关系严重的晋升机制阻碍了受访者职业生涯的发展。工作嵌入水平低下的访谈者 F 逐渐对公司失去信心，可能会离开公司去往其他地区寻找工作机会。正如受访者表示，"我实在是不喜欢这里，我可能会离开。"访谈者 F 所在公司管理混乱，股东之间关系不和谐。同时办公室和厂线的同事人际关系紧张，大家由于价值观各方面不一样，同事间互相排斥，不愿意一起进行集体活动。工作嵌入水平低下的访谈者 F 即使面对公司升迁的诱惑都不为所动，一心计划前往其他城市寻找发展机会。例如，受访者提到，"我在公司虽有晋升机会，但我自己已经不适应，我还是想离开。"访谈者 H 非常不喜欢上司的领导风格，对人才的管理过于严苛及不解人意。而公司的工作氛围不太融洽，同事之间严重缺乏沟通交流，对公司的活动事务漠不关心。受访者在公司里职业发展一直受限，且公司为人才设计的培训体系也很不健全。这一系列的因素导致工作嵌入水平低下的访谈者 F 对组织和移居的城市缺乏归属感，常常想到离开所生活的城市。例如，受访者提到，"我的高管十分苛刻，会给你施加非常大的工作压力，还会跟你谈条件，然后用各种利益相关的东西去与你做交换……就是因为在这样的环境之下，我最终选择放弃这份工作……""我如果辞职了，也不会后悔，因为我在这里没有归属感，这里纯粹就是一个办公的地方。""在这里工作没有归属感，走的时候我也不会有念想。"由此可见，当访谈者与单位的工作嵌入水平关系强时，他们离开当地的流动倾向随之降低。

从本研究的案例数据中，变量关系对比分析结果来看，同样发现了工作嵌入与跨区域流动倾向的相关性呈现出规律性。如表 4-2 所示，从 8 个案例的分析结果来看，当访谈者的工作嵌入为强或较强时，他们的跨区域流动倾向就会表现为弱或较弱；相反地，当访谈者的工作嵌入表现为弱和较弱时，他们的跨区域流动倾向就表现为强和较强。由上述分析可以看出，工作嵌入对跨区域流动倾向可能产生重要的影响作用。据此，本研究提出以下初始假设命题：

命题 A：工作嵌入对新移民知识人才的跨区域流动倾向具有负向的影响。

4.4.2　社会经济融合与跨区域流动倾向

在案例分析中发现，高水平的社会经济融合对跨区域流动倾向产生负向的影响。受访者 A 在移居地城市有稳定工作和稳定收入，目前已购置房产，受访者提到，"这边一个月挣 1500 元会比北方挣 2000 元过得更舒服。""现在我在该沿海城市有两套房。"高水平的社会经济融合使受访者更好地融入当地，在一定程度上降低了其跨区域流动倾向，流露出对移居地城市较高的满意度和较积极的情感。受访者 A 谈道，"这么多年，当地把我给同化了，""现在来讲，自己已融入这个环境。"由此可见，访谈者在当地的社会经济融合水平越高，他离开当地的倾向越低。

类似地，访谈者 C、访谈者 E 和访谈者 G 具有较高水平的社会经济融合和较低水平的跨区域流动倾向。访谈者 C 购买了当地的新楼盘，自己也购置车辆作为平时的交通工具。高水平的社会经济融合促使受访者 C 对移居城市有较强烈的归属感，例如，受访者表示："已经买房了，那就留下来。"访谈者 E 在移居城市的工资收入在几年前就已经达到当地的中上等水平，总体上没有承受太多的经济压力，日子过得挺轻松的。正如受访者指出，"这个城市的生活成本不高。"而公司的住宿在当地是最高档的，上班的交通也很便利，大概每天十分钟车程，上班的路上不会遇到苦恼的事情。高水平的社会经济融合使得受访者对这座城市有很深的认同感，从来没有产生过离开这座城市的念头。例如，"我不太可能离开这个地区。"访谈者 G 在迁入地购置了住房，居住的小区环境还不错。由于单位的薪酬收入和福利待遇比较优越，受访者很快支付了首付，且公司给予个人保障方面比其他公司多得多。高水平的社会经济融合使得受访者在移居城市里安居乐业，对迁入地具有浓厚的感情，正如受访者表示，"这边环境还是好很多，出于对未来的规划，这边也是值得过来的。""我的房子在这边，家庭也在这边。""这里的环境不错，未来的前景也不错，我计划以后长期在这里生活。"

相反地，访谈者 B、访谈者 D、访谈者 F 和访谈者 H 具有较弱的社会经济融合和较高水平的跨区域流动倾向。社会经济融合水平较低的受访者 B，拿着市场上偏低的 2000多元的月工资收入，居住着公司提供的条件恶劣的宿舍，而且时常担忧宿舍周围的治安环境，以致访谈者一直计划回家乡谋求发展。例如，受访者指出，"宿舍条件不好，没有装空调，工资连装空调的钱都不够……很多人都走了。""工资太低了，还是回家好……"访谈者 D 在本地的工资收入在市场上稍微偏低，居住在集体宿舍里，一直为目前的收入无法购买当地住房而苦恼，哪怕是公司的福利房。遥遥无期的购房目标和恶劣的生活环境导致受访者时常会想到辞去目前的工作，前往其他地区寻找新的工作机会。例如，受访者提到，"这里发展工业，空气经常是重度污染，环境现状很恶劣，就算是我有钱买个好房子，也隔绝不了环境，没法继续在这里生活。"访谈者 F 居住的公司集体宿舍在工业区里，位于郊区，即使周末有时间，因交通非常不方便也很难去娱乐。另外，访谈者月薪不高，而移居城市的高房价也使受访者无法购置自己的住房。较低的社会经济融合水平导致受访者 F 常会想到辞去目前的工作去往其他城市。例如，受访者表示，"离开这个城市我没有想过会有什么损失。"访谈者 H 在移居城市收入不高，除了租房，日常的开销比较大。受访者不仅无法承受当地的物价消费水平，本地的高房价更是让受访者感觉在当地买房成为一种奢望。微薄的薪水和较高的物价，导致受访者经常计划离开这个单位去其他城市寻找工作机会。例如，受访者谈道，"像我这样的工资，走的时候心里也不会有什么缺憾。"由此可见，当访谈者社会经济融合水平较强时，他的跨区域流动倾向较低。

从本研究的案例数据中，变量关系对比分析结果来看，同样发现了社会经济融合与跨区域流动倾向的相关性呈现出规律性。如表 4-2 所示，从 8 个案例的分析结果来看，当访谈者的社会经济融合水平为强或较强时，他们的跨区域流动倾向就会表现为弱或较弱；相反地，当访谈者的社会经济融合水平表现为弱和较弱时，他们的跨区域流动倾向就表现为强和较强。由上述分析可以看出，社会经济融合水平对跨区域流动倾向可能产生重要的影响作用。据此，本研究提出以下初始假设命题：

命题 B：社会经济融合水平对新移民知识人才的跨区域流动倾向具有负向的影响。

4.4.3　社会经济融合对工作嵌入与跨区域流动倾向之间关系的调节作用

在案例分析中发现，社会经济融合在工作嵌入对跨区域流动倾向的作用产生重要影响。受访者 A 与工作形成的良好嵌入关系，增强了受访者对移居地的归属感，降低了人才去其他城市寻求发展的可能性。社会经济融合对这一过程发挥了重要作用。例如，受访者 A 在移居地有稳定的工作，对工资收入也比较满意，还购买了两套住房。由此可见，高水平的社会经济融合很好地满足了受访者 A 在移居地经济方面的需求，受访者深深地被目前的组织和生活城市所吸引，如果离开这个城市，对受访者未来的发展会不利，以致受访者从来没有产生离开这个城市的念头。正如受访者谈道，"我的收入不错，工作环境和人际交往也不错，没有想过离开……"

类似地，受访者 C 对购置楼盘的居住环境和交通十分满意。在经济融合水平较高的情况下，受访者 C 所在工作的单位组织氛围轻松，且与同事上司关系和睦，以致受访者对移居城市有深深的依恋情结。访谈者 E 受访者在移居地城市收入在当地属中上收入水平，住宿条件优越，城市消费水平不高，总体上没有承受太多的经济压力。此外，受访者上班交通条件很便利，从来不会遇到交通的问题。在经济融合水平较高的情况下，受访者喜爱人际关系融洽的工作氛围和高档的办公环境。这份专业对口、能够发挥自己特长的职业和富有发展前景的晋升机制也使受访者很享受工作。受访者被组织深深地吸引，以致从来没有计划辞去目前的单位前往其他地区寻找工作。访谈者 G 在移居地已购置了小区环境令人比较满意的住房，并支付了首付。工资收入较有前景，且每年都会有增长，福利也比较丰厚。经济融合水平较高的受访者在工作方面比较顺意，不仅公司同事关系友好，还与一个不断促进自己成长进步的上级一起工作。丰富的培训课程、卓越的人力资源管理和有前景的职业生涯规划让受访者很有职业幸福感，以致受访者在移居城市很有家的归属感。

相反地，受访者 B 在迁入地工资收入低、住宿环境恶劣。加之公司的管理制度僵硬、企业文化压抑，访谈者对于离开公司没有一丝留恋之情，导致访谈者一直谋划返回家乡发展。受访者 D 在本地的居住环境不理想，除了空气污染外，公司的住宿条件也一般。同时，本地的高房价也让受访者望而生畏。在这种情况下，受访者所工作的公司工资收入微薄，人际关系复杂，且晋升机制非常官僚化，受访者对这个单位不能忍受，促使受访者有强烈的跨区域流动倾向。受访者 F 对工业区单调的住宿生活十分不满意，而不高的收入也无法改善目前的居住情况。另外，十分不便利的交通也使受访者寸步难行。社会经济融合水平较低的受访者 F 所在公司的人际关系十分复杂，不仅股东之间冲突不断，不同部门也是互相排斥、不相往来，受访者 F 对这个公司感到厌倦，以致受访者常常计划离开这个企业，前往其他城市寻找工作机会。受访者 H 所居住的城市物价消费水平较高，当地的开销和购置房产的成本较大，而工资收入在市场上又属中等偏下水平。在这种情况下，受访者面对的公司工作氛围不太融洽，上级和同级之间人情冷漠，除了被不断施加压力之外，在公司里受访者看不到发展前景，导致访谈者一直想着放弃这份工作，去往其他城市发展。

4.4.4　消极情绪调节自我效能感与跨区域流动倾向

在案例分析中发现，强的消极情绪调节自我效能感对新移民知识人才流动倾向产生负向的影响。访谈者 A 虽然拥有较多的消极情绪，但在异地工作遇到困难时，不论是面对陌生的当地方言，还是与本地人共事时处理复杂的人际关系，受访者对管理和控制自己的负面情绪充满信心，比如，"我这个人就是心态比较好。" 强的消极情绪调节自我效能感在一定程度上削弱了访谈者 A 的流动意愿，对工作单位和生活城市都表现出较积极的情绪。例如，"……在内地找不到这样的工作了……"

类似地，访谈者 C、访谈者 E 和访谈者 G 也同样具有较强的消极情绪调节自我效能感和较弱的跨区域流动倾向。受访者 C 起初面对四季不分明的气候和在工作中与大学时期所学专业不匹配现有岗位要求时，虽都有不习惯，却表现出适应不同环境和克服专业差异化等负面情绪状态时的信心。这些强的消极情绪调节自我效能感打消了访谈者的离职念头，访谈者反而表现出对移居城市的依赖。例如，"……我在任何一个阶段都做好自己应该做的一些事情，并把它完成好。" "对这里的气候我是又爱又恨，我不喜欢那么强的紫外线，四季不是很分明，会有点不习惯，但是我又很喜欢这里充裕的阳光。" "我很喜欢这里闲适的生活氛围。" 受访者 E 刚来到移居地工作时，面对着繁重的新业务任务和较高要求的业绩指标，起初也有迷茫的情绪，比如，"因为我们要承担独立的任务和业绩指标，还有新的业务……我当时也是半老不新的人，也感受到了压力……" 但由于访谈者具有较强的消极情绪调节自我效能感，例如，受访者谈道，"在这种很好的工作氛围下，哪怕有一点消极情绪，都不会让我产生离职的念头。" 最后，受访者与团队一起解决了问题。例如，受访者提到，"最后团队一起解决了问题。" 受访者 G 原先也不太习惯本地清淡的饮食和晚上灯光黑暗的地方，但是受访者对陌生环境并不畏惧和退缩，反而表现出对克服不舒服感觉的自信。例如，受访者谈道，"慢慢习惯了之后我的体重又长回来了，比以前还重。" "……黑暗的地方，会觉得不安全，但是熟悉以后就觉得还好……" 在工作方面，虽然受访者面对严格的公司考核制度和较大的压力，也充满应对的勇气，比如，受访者提到，"……如果你能解决问题，就说明你有能力，如果你不能,就说明你的能力有欠缺,这是衡量自己能力的一个标准。工作了三年后,适应了这边的工作节奏。""做自己力所能及的事情,不能做的事情去寻求帮助。"

然而相比之下,访谈者 B、访谈者 D、访谈者 F 和访谈者 H 具有较弱的消极情绪调节自我效能感和较强烈的跨区域流动倾向。访谈者 B 由于对移居城市气候、饮食等各方面的不适应而选择经常宅在宿舍里。较弱的消极情绪调节自我效能感使受访者缺乏面对负面情绪的勇气,访谈者对工作和生活城市都表现出失落的情绪,产生了较强烈的跨区域流动倾向。例如,受访者谈道,"我不适应这个城市,也不适应这里的人,感觉和内陆有区别,还是回家好。"访谈者 D 比较直、比较跳的性格对内部恶性竞争激烈、人际关系复杂的工作氛围不能适应,时常头疼,同时缺乏面对逆境的勇气和正能量的效能信念,正如受访者提到,"有时候我会带着情绪工作,会导致情绪不太好。"较弱的消极情绪调节自我效能感促使受访者产生了强烈的逃离这份工作和离开这个城市的念头。访谈者 F 对移居城市"每天去上班,一眨眼就到下班的时间了"的快节奏以及公司里经常发生冲突的复杂股东关系、领导放任不管的关系户人才和互相排斥的部门合作等工作都表现出无奈感。另外,工业区的宿舍环境和不便利的交通条件也使受访者常常产生一种无力感。较弱的消极情绪调节自我效能感促使受访者无法适应异地的陌生环境,而产生了离开这个城市的倾向,并时刻计划回家乡。访谈者 H 在异地遇到一些消极的事件和负面情绪的时候,没有合适的途径对这些负能量进行疏导。在巨大的工作压力和感情问题面前,受访者选择的是一个人独自承受,严重缺乏改善负面情绪状态时所需要的效能信念。较弱的消极情绪调节自我效能感促使受访者对居住的城市感到厌倦,有强烈的离开这个城市的倾向。正如受访者提到,"……我觉得自己还年轻,还有很多机会,我做得不开心的话我就离开这里……""因为这里的压力太大的缘故,人才的流动性很大。"由此可见,当访谈者消极情绪调节自我效能感越强时,他离开本地区的流动倾向就越低。

从本研究的案例数据中变量关系对比分析结果来看,同样发现了消极情绪调节自我效能感与跨区域流动倾向的相关性呈现出规律性。如图 3-1 所示,从 8 个案例的分析结果来看,首先,当访谈者的消极情绪调节自我效能感为强或较强时,他们的跨区域流动倾向就会表现为弱或较弱;相反地,当访谈者的消极情绪调节自我效能感表现为弱和较弱时,他们的跨区域流动倾向就表现为强和较强。由上述分析可以看出,消极情绪调节自我效能感对跨区域流动倾向可能产生重要的影响作用。据此,本研究提出以下初始假设命题:

命题 C:消极情绪调节自我效能感水平对新移民知识人才的跨区域流动倾向具有负向的影响。

4.4.5 消极情绪调节自我效能感对工作嵌入与跨区域流动倾向之间关系的调节作用

在案例分析中发现，消极情绪调节自我效能感在工作嵌入对跨区域流动倾向产生影响中发挥重要作用。受访者 A 刚开始到移居城市工作时，对人际交往的很多事情非常较真，对每件事一定要辨别出是非，然而经过一段时间后受访者很快就调整好自己的情绪，并掌握了处理当地人际关系的方法和技巧，正如受访者很自信地谈道，"我对同事之间关系的处理会比本地人做得更好。"而企业的工作环境舒服，部门同事的性格都很平和，具有较强消极情绪调节自我效能感的受访者很快速地融入了当地的企业，在组织里建立了深厚的职场友谊，并被移居城市所吸引，极大地削弱了受访者跨区域流动倾向。正如受访者谈道，"现在来讲，我自己已融入了这个城市"。

类似地，访谈者 C 不被不习惯与家乡完全不同的气候环境等消极情绪击倒，对克服逆境表现出了积极的信念。消极情绪调节自我效能感较强的受访者在加入氛围轻松、上级和同级都很友好的工作单位后，更是如鱼得水，而变得更加依恋移居城市。访谈者 E 起初在调往迁入地工作时，既要承担母公司业务，又要独立承担新任务和新业绩指标。尽管面对异地工作的重重压力，受访者不是一味沉迷于沮丧和失望中，而是相信自己有能力达成目标并激发加倍的努力。消极情绪调节自我效能感较强的受访者在工作氛围和谐、人际关系融洽的组织里，很快就与团队一起解决了难题，以致受访者从未想过离开这个企业去往其他城市。访谈者 G 刚开始在移居地也面临着饮食不习惯、环境不熟悉、公司考核制度过于严苛以及工作压力很大等问题，但受访者总是流露出能克服逆境困难的信心和勇气。消极情绪调节自我效能感较强的受访者在同事、上司关系和睦的组织里努力学习，积极接受技能培训。工作氛围良好、福利待遇较优越和有职业发展前景的公司深深吸引着受访者，以致受访者没有思考过辞去目前的工作，流动到其他地区寻找新的工作机会。

相反地，访谈者 B 较弱的消极情绪调节自我效能感使其自来到移居城市工作后，就一直不适应周围的环境和人员。在没有办法处理好在异地情绪的情况下，遇到观念陈旧的企业文化和缺乏有效的人才激励机制的企业，受访者 B 在企业里越来越看不到希望，更加坚定了受访者离开迁入地的决心。访谈者 D 不太适应与自己性格严重冲突的移居地单位性质，对克服逆境严重缺乏信心。消极情绪调节自我效能感较弱的受访者在恶性竞争的工作小组里工作，会时常担心自己是否说话得罪人，无法寻求合适的途径梳理复杂的人际关系和人际冲突，以致受访者厌倦了这个单位，而时常计划前往其他地区寻找工作机会。访谈者 F 一直无法承受移居城市较快的生活节奏、较枯燥单调的住宿生活和不便利的交通条件，也无法处理较复杂的工作关系。在公司管理混乱，大股东不理事，领导放任关系户人才、办公室人员与厂线人才互相排斥等情形下，工作难题一直在困扰消极情绪调节自我效能感较低的受访者，以致访谈者对工作单位心灰意冷，常常会想到辞去工作返回家乡发展。当访谈者 H 面对工作压力和异性情感等问题时，完全被负面的情绪所控制，丧失了克服困境所需要的效能信念。而消极情绪调节自我效能感较低的受访者所在公司上司对人才管理非常严苛，而同事间的人际关系也十分冷漠，严重缺乏工作上的交流，离开这个单位对于受访者而言是一种解放，受访者离开这个城市的想法也变得越来越强烈，正如受访者指出，"这里的工作压力很变态，我如果选择辞职，我不会再和我的主管联系……"

第 5 章

研究假设和理论模型构建

5.1 新移民知识人才跨区域流动研究假设的提出

经过前述的案例研究和理论推导，本研究初步厘清了工作嵌入、社会经济融合以及消极情绪调节自我效能感对新移民知识人才跨区域流动倾向的影响机制，并在此基础上提出了研究假设。在社会经济融合和消极情绪调节自我效能感的作用下，工作嵌入主要通过两条路径对新移民知识人才的跨区域流动倾向产生影响。后续的研究将通过问卷调查数据对概念模型中变量之间的相互关系，以及变量维度层面之间的相互关系进行大样本问卷调查研究，并基于此对研究假设进行检验。

5.1.1 工作嵌入对新移民知识人才跨区域流动倾向的影响

目前，学术界对于工作嵌入与人才跨区域流动的影响研究还比较少，二者之间的影响关系还有待进一步考查。黎春燕与李伟铭（2013）从理论层面探讨了工作嵌入能够有效地降低我国新移民知识人才跨区域流动的意愿。基于人际关系积累的联结和基于时间累积的联结正向影响新移民知识人才组织嵌入水平，同时削弱其流动到异地工作的意愿。新移民知识人才与组织之间的匹配性越强，他们与组织的黏性越大，跨区域流动的意愿也就越弱。侯胜朋（2015）基于工作嵌入理论，在经济欠发达的西北地区的特殊经济背景下，通过对兰州市的知识型人才进行实地调查和分析发现，工作嵌入模型在一定程度上能够预测欠发达地区知识型人才的区域流动倾向，其中组织嵌入对知识型人才的区域流动倾向具有显著的负向预测效用；组织嵌入子维度中的组织联结和组织匹配对知识型人才的区域流动倾向具有显著的负向预测效用。张正堂和赵曙明（2007）从欠发达地区和知识人才的特点出发，通过对苏北地区企业的 499 名知识人才的实证研究发现，子女教育责任、绩效可观测性对异地离职意图有正向的显著影响，而工作自主权、职业发展度、程序公平、感知的人与组织匹配通过工作满意度对异地离职意图有负向的显著影响。关系因素在技术人员和管理人员异地离职意图中有不同的作用，特别是子女教育责任对于人才异地离职意图的影响最大。

新移民知识人才因人际关系和时间的积累等与组织产生越来越密切的联系,对组织的文化和管理认可度越高,其工作嵌入水平越高,而跨区域流动所带来的牺牲也就越大,从而在一定程度上减少新移民知识人才的跨区域流动行为。反之,新移民知识人才与组织的联系越少、匹配度越低时,他的工作嵌入水平越低,因跨区域流动所带来的牺牲就越少,从而增加新移民知识人才的跨区域流动行为。从本研究的案例分析结果来看,我们也发现了工作嵌入与新移民知识人才跨区域流动倾向的相关性呈现出规律性。如工作嵌入水平较高的新移民知识人才,他们考虑跨区域流动的倾向越低,而工作嵌入水平较低的新移民知识人才,他们表现出来的跨区域流动倾向越高。

由先前研究者的研究成果以及案例研究结论,本研究提出如下假设:

假设 H1:工作嵌入对新移民知识人才的跨区域流动倾向有负向的影响作用,工作嵌入水平越高,新移民知识人才的跨区域流动倾向就越低。

5.1.2　社会经济融合对新移民知识人才跨区域流动倾向的影响

基于期望效用理论建立的流动模型认为,人才带着主观期望进入组织,当发现现实情况与期望值之间存在差距后,便会产生流动意愿。这种期望包括人才希望通过流动获得更充足的绩效回报、更好的职业发展空间与机会或者更适合自身生存与发展的内外部环境等。朱力(2002)指出,经济收入是流动人口空间生存的首要基础,来到新的城市环境后必须先找到一份工作,具有能够维持基本生存需要的经济条件,当前农民工只有获得稳定的收入和住所,才能在城市中更好地生存下去。朱力在 2005 年的研究又进一步指出,经济、社会、心理是城市新移民空间生存依次递进的三个层次,城市新移民来到新的环境必须先找到一份工作,在获得相对稳定的收入和住所后,才能在新环境内继续生活。王毅杰(2005)认为,当流动农民工在城市获得较高经济收入,并可以支付城市生活所需的各项支出时,跨区域流动倾向就会被削弱,流动农民工就倾向于留城定居而不是返乡回家。张文宏(2008)的调查研究也表明,月收入对城市新移民的总体社会融合程度有显著影响。多数城市新移民移居上海的主要原因是增加经济收入、提升社会地位、改善工作环境和工作质量,而经济收入是满足其他需要的一个基础性条件。悦中山(2011)强调,一旦农民工的收入达到一定水平、拥有了房产或拥有了职业阶层向上流动的机会,他们选择留在城市的可能性就极大,几乎不会产生返乡务农或返乡非务农就业的念头。然而,当他们的实际收入低于预期时,可能会发生回迁现象。熊明良(2008)的研究也发现,工作满意度和组织认同相互作用会共同影响流动倾向,并指出人才对报酬的满意度是预测人才流动倾向的关键因素之一。布朗、托马斯和博塞尔曼(Brown E. A., Thomas N. J. & Bosselman R. H., 2015)对美国服务行业新生代人才的实证研究表明,长时间加班、家庭工作不平衡和收入因素是影响人才流动行为的三个主要原因。此外,严峻的住房形式也是人员选择区域流动的重要现实因素。朱春蕊(2014)

经调查发现，高住房消费一直困扰着众多在京人员，超高的购房成本使很多想要购房的人倍感艰难。租房住的人为了节省房租，又不得不住到距离工作地点很远的地方，迫不得已将大量时间消耗在往返的路途中。杜旻（2012）的研究也指出，住房是流动人口的基本需求，短期来看，住房成本和住房条件会影响到人口流动家庭化趋势，长期来看，则会影响到流动人口的市民化进程。在保障性住房政策对流动人口供给不足的情况下，住房成本是流动人口在流入地定居要承担的最主要成本，也是最主要障碍。总之，新移民知识人才的经济收入、居住条件等社会经济融合内容都有可能会对其跨区域流动倾向与流动行为产生影响。明确社会经济融合的基础性作用，提高移民的社会经济地位就显得尤为重要（陆淑珍，2012）。

作为移居地的新成员，中国人惯有的"安居乐业"思想使得新移民知识人才对于住房和收入等方面的经济要素同样存在较大的需求，如果他们在移居地有较好的经济基础，将有助于增强他们对迁入地的归属感和自我认同感，进而削弱他们的跨区域流动倾向。反之，则会强化他们跨区域流动的动机，并最终做出回流迁移的反应。从本研究的案例分析结果来看，我们也发现了社会经济融合与新移民知识人才跨区域流动倾向的相关性呈现出规律性。如社会经济融合水平越高的新移民知识人才，他们考虑跨区域流动的倾向越低，而社会经济融合水平越低的新移民知识人才，他们表现出来的跨区域流动倾向也越高。由此可见，当人才的经济诉求不能达成时，其流动倾向也就越强，会增加在不同组织和区域间流动的可能性。

由先前研究者的研究成果以及案例研究结论，本研究提出如下假设：

假设 H2：社会经济融合负向影响新移民知识人才跨区域流动倾向。

5.1.3 社会经济融合对工作嵌入与跨区域流动倾向的调节作用

符益群（2003）在探讨企业人才流动影响因素时发现，人才的实际流动行为还会受到许多因素的调节影响。在工作嵌入发挥完全中介作用的基础上，分配公平能够有效预测人才流动行为（杨春江等，2014）。而 Price – Mueller 模型（2000）中存在四类和离职相关的变量，其中结构变量中的薪酬公平性等前因变量会导致人才产生不同层次的工作满意度。以上观点证实了薪酬福利公平性的重要意义，人才对分配公平的认同能够在一定程度上促使其自愿加深嵌入组织网络的水平，导致流动可能性降低，跨区域流动倾向也随之降低。袁庆宏等（2008）深入整合工作嵌入与人才自愿流动行为模型，发现工作嵌入对人才自愿流动行为的解释力明显优于其他相关变量，它不仅能够抑制人才的流动行为，而且能够从动机影响的角度留住人才。而玛丽等（Mary et al.，2013）则通过中国企业的样本研究发现，绩效评估与职位晋升等人力资源管理措施会提高人才的留职动机。该类组织因素通过增强人才的留职动机，放大工作嵌入的影响效应，强调了工作嵌入与人才流动意愿和跨区域流动倾向之间的因果程序。何勃夫等（2011）通过构建结构方程模型，探索工作生活质量和流动意愿之间是否存在因果关系，研究结果证实了工作生活质量对于流动意愿的负向作用。如果人才对于工作生活质量能够有更好的感受和评价，则这种主观认知将会通过工作嵌入与组织承诺的中介作用对流动倾向产生负向作用。新移民知识人才对自身在移居城市住房环境的优劣评价属于工作生活质量主观认知范畴，会影响其工作嵌入水平，进而影响工作嵌入对于跨区域流动倾向的作用效果。

具有高水平社会经济融合的新移民知识人才与组织的联系更加密切，他们在工作中有稳定增长的薪酬、可期的职位晋升和良好的人际关系等，人才会更难以割舍目前的工作，因为选择流动到其他地区将意味着他们不得不牺牲与目前组织和移居城市建立起的密切关系和资源，进而削弱了他们的跨区域流动倾向。反之，对于社会经济融合程度较低的新移民知识人才来说，他们获得的嵌入性资源非常有限，自然会消极地评价自己的工作环境，感觉到离开移居城市对自己的代价很低，进而会增强他们的跨区域流动倾向。因此，在工作嵌入影响新移民知识人才跨区域流动倾向的基础上，社会经济融合会相对放大工作嵌入的影响效果，起到增强型调节作用。

由先前研究者的研究成果以及案例研究结论，本研究提出如下假设：

假设 H3：社会经济融合负向调节新移民知识人才工作嵌入与跨区域流动倾向的关系。

5.1.4　消极情绪调节自我效能感对跨区域流动倾向的影响

消极情绪调节自我效能感是情绪调节自我效能感的一个重要的维度，是个体处于沮丧、痛苦情境时改善负性情绪的效能感（Caprara，2008）。卡普拉拉（Caprara，1999）认为，管理消极情绪效能感高的个体在面对困境时，倾向于采取积极有效的策略增强人际卷入，收获更多的正性情绪，以提高个体的主观幸福感，从而表现出更低的流动倾向。我国学者也对情绪调节自我效能感展开了一系列的研究，比如黄雪坷（2014）对202 名人才进行实证调查后指出，人才的情绪调节自我效能感水平越高，其在工作场所知觉到的排斥程度越低。钟柳（2016）调查了 459 位中学教师，结果发现拥有高消极情绪调节自我效能感水平的教师即使面临挫折和逆境，也会很快地进行自我调节，降低自我伤害的可能，进而减少消极的情感体验，反过来增强幸福感或工作满意度。刘海龙（2016）对 357 名护士的研究表明，合理情绪疗法能够提高护士情绪调节自我效能感，促进护士更多运用适应性认知情绪调节方式，改善护士职业倦怠。而顾清（2006）进一步指出，人才自愿性流动与自我效能感之间有重要的联系，自我效能感高的人才具有更高的自主性和独立性，在遇到困难时他们能够用正确的方式分析可能的风险和现有的资源，人才对组织的归属感越强，流动动机就越弱。刘锦涛和周爱保（2016）则通过对甘肃省农村 304 名幼儿教师的研究发现，管理消极情绪的自我效能感在幼儿教师心理资本各构成要素（自信、希望、乐观、任性）和工作投入之间起部分中介作用。而以往的研究也发现，工作投入对人才的流动倾向具有负向预测作用。

对于新移民知识人才而言，作为迁入地的新成员，刚开始对移居城市的归属感并不强，在面临受排斥、不公正对待等情绪事件时，高消极情绪调节自我效能感水平的新移民知识人才相信自己能够调节好自己的情绪，能够通过尝试多种有效的措施，比如换个角度或思维看问题、寻求他人帮助、分享情绪等方式，来降低负面事件带来的情绪冲击，因而即使在移居城市中遇到压力事件，也能很好地调节自身的情绪，不轻易产生离开移居城市前往其他城市发展的念头，会表现出较弱的跨区域流动倾向。反之，低消极情绪调节自我效能感水平的新移民知识人才，对自己的情绪调节能力缺乏信心，当在移居城市遭遇情绪事件时，很快会陷入绝望的境地，进而增强离开本地的跨区域流动倾向。

由先前研究者的研究成果以及案例研究结论，本研究提出如下假设：

假设 H4：消极情绪调节自我效能感负向影响新移民知识人才的跨区域流动倾向。

5.1.5　消极情绪调节自我效能感对工作嵌入与跨区域流动倾向关系的调节机制

从情绪调节自我效能感的相关研究可看出，消极情绪调节自我效能感可以使个体有效应对压力、提高人际关系质量、提高主观幸福感，还对亲社会行为、犯罪行为、抑郁、成瘾行为等发挥重要的调节作用（Bandura，2001；Bandura，1999；Caprara & Steca，2006）。对于高消极情绪调节自我效能感水平的新移民知识人才来说，他们有信心妥善处理自己的负性情绪，即使是在工作中遇到困难，也能够采取恰当的方式将不良情绪带来的伤害降至最低，并冷静有序地应对。如果他们与组织有良好嵌入关系的话，他们表现出来的跨区域流动倾向会很低，更加不会轻易离开他们所移居的城市。反之，消极情绪调节自我效能感水平较低的新移民知识人才，由于心理比较脆弱，在面对工作上的不如意时，常常缺乏信心和勇气去处理困境。再加上对新城市比较生疏，缺乏安全感，就更容易产生消极的情绪，而表现出较高的跨区域流动倾向。

由先前研究者的研究成果以及案例研究结论，本研究提出如下假设：

假设 H5：消极情绪调节自我效能感负向调节新移民知识人才工作嵌入与跨区域流动倾向的关系。

5.2　新移民知识人才跨区域流动概念模型构建

经过前述的案例研究和理论推导，本研究初步厘清了工作嵌入与社会经济融合、消极情绪自我效能感对新移民知识人才跨区域流动的影响机制和内在机理，并在此基础上提出了研究假设。从研究假设所提出的影响路径来看，工作嵌入与社会经济融合、消极情绪自我效能感均对新移民知识人才跨区域流动产生直接的负向影响效应。同时，工作嵌入与新移民知识人才跨区域流动的关系受到社会经济融合、消极情绪自我效能感的调节作用。社会经济融合对工作嵌入与新移民知识人才跨区域流动产生负向调节作用,消极情绪自我效能感对工作嵌入与新移民知识人才跨区域流动也产生负向调节作用。

借鉴文卡特拉曼(Venkatraman,1989)的模型构建范式,本研究构建了初始概念模型(如图 5-1 所示)。本研究选取了工作嵌入和社会融合与新移民知识人才跨区域流动倾向之间起到调节作用的关键因素:社会经济融合、消极情绪自我效能感。后续的研究将通过问卷调查数据对概念模型中变量之间的相互关系,以及变量维度层面之间的相互关系进行大样本问卷调查研究,并基于此对研究假设进行检验。

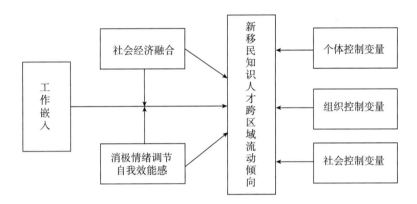

图 5-1 概念模型

第6章

研究设计与预测试分析

6.1 问卷设计

本研究根据研究目的需要、研究的条件以及数据收集的可行性，采用问卷调查的方法来搜集数据资料，通过对问卷调查所获取的资料进行数据分析，验证有关假设，并对研究结果展开讨论。为了确保填写者能够准确地回答题项，最小化主观因素给问卷调查结果造成的影响，本研究采取一系列的控制措施：

（1）为了减小填写者不了解所提问问题答案的相关信息带来的负面影响，本研究的问卷调查对象是接受过高等教育，因工作调动、投资创业、毕业或留学回国等原因留在全国流动人口数量最大省份城市工作的新移民知识人才。首先在问卷标题下进行填写说明："本问卷适合于大专以上学历、非出生地工作的人员填写"。卷首标注重点提醒不符合要求的被试者保持卷面的清洁，并退回问卷。同时，让问卷发放者对问卷填写者进行口头提醒。此外，在题目中设计陷阱题项"您现在工作的城市与你的出生地是同一城市吗"，以防止填写者因不认真阅读而进行答题。

（2）为了减少因填写者不愿回答某些题项，尤其是跨区域流动倾向题项而带来的负面影响，本研究在问卷在卷首语中即向填写者声明，本问卷调查所得数据纯属学术用途，并承诺对填答者提供的一切信息严格保密。

（3）为了激发填答者认真填写问卷，本研究问卷在卷首语承诺，如果填写者对该研究结果感兴趣，将邀请其参加企业管理相关的论坛或沙龙研讨活动，并鼓励填写者留下联系方式。

（4）为了减小填写者不能理解题项带来的负面影响，本研究对问卷进行预测试，在问卷设计过程中广泛听取企业界与学术界专家意见，对问卷的表述和遣词造句进行多次修改；同时，对现场发放的问卷保证相关研究人员在场，确保及时解答问卷填写过程中可能提出的各种疑问。

6.1.1 问卷设计的流程

为保证问卷设计的质量，本研究按照邓恩等（Dunn et al. , 1994）的建议，通过下列流程进行问卷设计。

（1）通过文献回顾和对企业界有关人士的访谈形成题项。在对工作嵌入、社会经济融合、消极情绪调节自我效能感以及跨区域流动倾向等相关文献进行研究梳理的基础上，借鉴国内外被广泛引用的实证量表，并结合企业探索性案例访谈结果，设计问卷初稿。

（2）学术界专家讨论。在问卷的设计过程中，研究者通过学术会议等场合就问卷题项的设计咨询了管理领域的专家教授和学者，对问卷进行第一次修改，调整了题项的措辞、归类方式以及排版，同时增删了有关题项。

（3）企业界专家讨论。研究者将第一次修改后的问卷发放给 6 位企业新移民知识人才填写，在了解题项的测量是否贴切企业人才实际的工作和生活情况的同时，对题项中的措辞进行调整，尽量避免生涩难懂的学术专业术语，完成了对问卷的第二次修改。

（4）通过预测试对问卷的信度进行检验，删除信度较低的测量题项，最终确定问卷的最终稿。本研究将第二次修改好的 120 份问卷发放给在华南地区省份城市工作的在职 MBA 学员和企业人才进行预测试，共回收问卷 85 份，问卷回收率为 70.8%；经剔除题项缺项、不按要求作答等无效问卷后，获得有效问卷为 69 份，有效问卷回收率为 57.5%。根据预测试填写者的反馈做初步数据检验分析，删除信度较低的测量题项，对问卷进行了第三次修改，并确定问卷的最终稿。

6.1.2　问卷结构与内容

本研究调查问卷由卷首语和问卷主体两大部分组成。为了避免填写者对个人信息的敏感性以提高填写意愿，本研究将个人基本资料部分的内容放在问卷的最后部分。问卷主体分为五部分：第一部分为工作嵌入的测量量表；第二部分为社会经济融合的测量量表；第三部分为消极情绪调节自我效能感的测量量表；第四部分为人才跨区域流动倾向的测量量表；第五部分为个人基本信息。

6.2　变量测量

6.2.1　跨区域流动倾向的测量

跨区域流动倾向量表以具有较高信度和效度的学者霍姆等（Hom et al.，1984）的流动倾向量表和本土广泛采用的 Farh（1998）的流动倾向量表为基础，借鉴了以中国特有的组织情境为背景的侯胜明（2015）区域流动倾向量表，并立足于中国文化情境和语言特点，考虑到流动倾向和跨区域流动倾向的差异设计而成，共计 4 个题项。该量表采用 Liket 五点量表记分，分别为"非常不同意、不同意、不确定、同意和非常同意"，表示新移民知识人才的跨区域流动倾向程度。跨流动倾向的初始测量问项如表6-1所示。

表6-1 跨区域流动倾向的初始测量问项

测量问项
1. 我很可能会去其他城市寻找发展机会
2. 在未来的一年里，我很可能会去异地另谋高就
3. 我常会想辞去目前的单位去其他城市寻找工作

6.2.2 工作嵌入的测量

工作嵌入量表问卷主要借鉴克罗斯利等（Crossley et al.，2007）开发的整体量表，共7个问题项，该量表中的题项采用李克特5点量尺计分，从1～5级分别为"非常不同意、不同意、不确定、同意和非常同意"。工作嵌入的初始测量问项如表6-2所示。

表6-2 工作嵌入的初始测量问项

测量问项
1. 我觉得自己依附于这个单位
2. 离开这个单位对我来说很困难
3. 我被这个单位吸引，以致不能离开
4. 我对这个单位感到厌倦
5. 我不能轻率地离开我所工作的单位
6. 离开这个单位对我来说很容易
7. 我与这个单位紧密相连

6.2.3 消极情绪调节自我效能感的测量

消极情绪调节自我效能感所采用的量表以卡普拉拉（Caprara，2008）最新修订的情绪调节自我效能量表（Regulatory Emotional Self-Efficacy，RES）为基础，其中文版经田学英（2012）等中国学者验证使用于中国研究群体，具有合理的信度和效度。本研究借鉴了田学英（2012）修订后的中文版量表，结合中国文化特点，将调节沮丧/痛苦情绪效能感（DES）和调节生气/愤怒情绪效能感（ANG）这两种消极的情绪合并成一个整体加以测量，共有6个项目，采用5级计分，即能力很强为5分，能力较强为4分，能力一般为3分，能力较差为2分，能力很差为1分。消极情绪调节自我效能感的初始测量问项如表6-3所示。

表 6 - 3	消极情绪调节自我效能感的初始测量问项
测量问项	

1. 当你孤独时，避免产生沮丧情绪的能力
2. 当你受到严厉批评时，避免产生气馁情绪的能力
3. 当你面对困难时，使自己摆脱挫折感的能力
4. 当别人总是让你难堪时，你避免自己恼怒的能力
5. 当遇到不公平的对待时，你从愤怒的情绪中迅速恢复的能力
6. 当你生气时，避免自己大发雷霆的能力

6.2.4　社会经济融合的测量

在选取社会经济融合指标时，本书在考察国内外社会融合测量指标的基础上，试图兼顾测量体系的全面性和简约性，故而借鉴悦中山等学者（2011，2012）的划分方法，将社会融合划分为社会经济融合、社会文化融合和社会心理融合，还考虑了新移民知识人才面临的特殊社会问题，对具体指标和题项进行适当调整。本研究考虑国内农民工社会融合的研究维度和思路，借鉴了国内社会融合研究中的相关维度"居住条件与本地人的比较""月均收入""收入状况与家乡的比较"等主要指标。月均收入按其收入水平由低到高进行赋值为 1~5 分。居住条件比较从"差了很多"到"好了很多"，对其分别赋值 1~5 分。收入状况比较操作化为将现在工作城市的收入与自己家乡的收入进行比较，从"降低了很多""降低了一点""没有变化""高了一点""提高了很多"分别赋值为 1~5 分。社会经济融合的初始测量问项如表 6-4 所示。

表 6 - 4	社会经济融合的初始测量问项
测量问项	

1. 平均月收入
2. 居住条件比较
3. 收入状况比较

6.2.5　控制变量的测量

除了概念模型中涉及的解释变量和调节变量之外，尚有一些变量可能对新移民知识人才流动倾向和跨区域流动倾向产生影响，正如莫布利（Mobley，1982）、伊格丽亚和格林豪斯（Igharia & Greenhaus，1992）所指出的，年龄、性别、教育水平、在组织内的任期对人才离职或离职意向具有重要的影响。同样地，在研究知识型人才流动倾向前因变量的实证文献中，肖杨（2015）也指出，人口统计学特征变量能有效作用于流动倾

向。为此，本研究将性别、年龄、学历、婚姻状况、工作年限、职业、单位性质等控制变量代入模型进行分析。

6.3 预测试

6.3.1 预试数据收集

本研究的数据收集分为预测试调查数据收集和正式调查数据收集两部分。在预测试问卷设计完毕后，本研究采用了关键被调查人的技术，主要通过现场发放问卷的方式进行预测试数据的收集。通过笔者的在职 MBA 学员和企业人才实地发放和回收问卷，这些人才主要是在华南地区各类企业就职的新移民知识人才，他们都是接受过高等教育的外地人，因工作调动、创业或毕业等原因而选择留在当地。本问卷在发放时由发放人员提醒填写要求，排除在出生地工作的人才填写，并在问卷上的卷头备注：本问卷适合于大专以上学历、非出生地工作的人员填写。同时在问卷中设计陷阱题："您现在工作城市与你的出生地是同一城市吗？"来筛选随意填写的答卷。

预测试问卷一共发放 120 份，回收 85 份，问卷回收率为 70.8%；经剔除题写缺项、不按要求作答等无效问卷后，获得有效问卷为 69 份，有效问卷回收率为 57.5%。预测试量表中，分量表问题最多的为 15 题，因此，问卷回收数量达到吴明隆（2003）所建议的样本量应不少于分量表问项数 3~5 倍的要求，可以进行数据分析。

6.3.2 预测试样本特征

如本章上节所述，问卷预测试共回收有效样本 69 份，尽管样本量不算很大，但样本的特征与研究背景基本相符，具有较好的代表性，符合预测试样本数据的分析要求。从样本的学历来看，样本均是大专以上学历；从样本的性别分布来看，男女比例分布均匀，分别为 55.1% 和 44.9%。样本企业选择了人才流动性较大的体制外单位（民营和私营企业）和人才流动性较低的体制内单位（国企和政府机关或事业单位）。体制外单位占总样本的 53.6%，体制内单位占总样本的 46.4%；样本的工作年限以在移居地工作 5 年内为主，其中 3~5 年占总样本数的 34.8%、1~2 年占总样本数的 15.9%、1 年以内占总样本数的 20.3%。工作年限的分布与样本年龄集中在 35 岁以下有关，其中 26~35 岁占总样本数的 65.2%，25 岁以下占总样本数的 26.1%；从样本的婚姻状况来看，已婚和未婚的人才分别占 56.5% 和 43.5%。从样本的职业来看，绝大部分的新移民知识人才在公司里是普通职业，占总样本数的 43.5%；从样本的房权来看，68.1% 的新移民知识人才没有购买住房，他们在移居地租房或居住在单位提供的集体宿舍，或与父母、亲戚同住。而在移居地拥有自己产权房的新移民知识人才占总样本数的 31.9%（见表 6-5）。

表 6 – 5 预测样本基本特征

特征	变量取值	样本数（份）	百分比（%）
性别	男	38	55.1
	女	31	44.9
年龄	25 岁及以下	18	26.1
	26～35 岁	45	65.2
	36～45 岁	4	5.8
	46 岁及以上	2	2.9
学历	大专	14	20.3
	本科	41	59.4
	硕士	13	18.8
	博士	1	1.4
移居地工作年限	1 年以内	14	20.3
	1～2 年	11	15.9
	3～5 年	24	34.8
	6～9 年	16	23.2
	10 年以上	4	5.8
婚姻状况	未婚	39	56.5
	已婚无子女	10	14.5
	已婚有子女	17	24.6
	离婚无子女	2	2.9
	离婚有子女	1	1.4
职业	高层管理者	12	17.4
	中层管理者	17	24.6
	基层主管	3	4.3
	普通职员	30	43.5
	自雇佣	1	1.4
	其他	6	8.7
单位性质	体制外单位	37	53.6
	体制内单位	32	46.4
房权	无房权	47	68.1
	有房权	22	31.9

6.3.3 预测试数据分析方法

本书采用 Cronbach's Alpha 值与题项对变量所有题项的相关系数对预测试问卷的变量测度进行信度检验，只有较高的 Cronbach's Alpha 值及题项间相关系数才能保证变量的测度具有较高的内部一致性，从而满足信度的要求。吴明隆（2003）认为，一份信度系数好的量表或问卷，其总量表的信度系数在 0.7 以上是可以接受的，其分量表的信度系数在 0.6 以上是可以接受的。同时，净化测量项的处理技术是利用总体相关系数（corrected-item total correlation，CITC）法。农纳利（Nunnally，1978）、李怀祖（2004）强调CITC 应该在 0.35 以上，并且 Cronbach's Alpha 值应该大于 0.70，才可以满足信度要求。本研究根据这些要求对预测试数据进行分析，并在此基础上完成问卷的修改，形成正式问卷。

6.3.4 预测试数据分析结果

1. 跨区域流动倾向量表的信度分析

本研究根据量表测量跨区域流动倾向，表 6 - 6 为跨区域流动倾向的信度分析结果。在测量跨区域流动倾向的题项中，量表的总体 α 系数为 0.638，大于 0.6；同时，所有的题项 CITC 都大于 0.35，进一步观测删除每个题项的 α 系数变化方向，发现如果删除任一个题项，都不能显著提高一致性指数。因此，上述量表的测量通过信度检验。

表 6 - 6 　　　　　　　　　　跨区域流动倾向量表的信度分析（预试）

潜变量	题项	CITC	删除该项后的 Alpha	Alpha
跨区域流动倾向	我很可能会去其他城市寻找发展机会	0.425	0.576	α = 0.638
	在未来的一年里，我很可能会去异地另谋高就	0.402	0.600	
	我常会想辞去目前的单位，去其他城市寻找工作	0.522	0.432	

2. 工作嵌入量表的信度分析

在测量工作嵌入的题项中，该量表的总体 α 系数为 0.720，大于 0.7，但是考虑到这三个题项的 CITC 均小于 0.35，例如 "我对这个单位感到厌倦" 题项的 CITC 为 0.168；"离开这个单位对我来说很容易" 题项的 CITC 为 0.285；"我觉得自己依附于这个单位" 题项的 CITC 为 0.346。删除这三个题项后，发现工作嵌入量表剩余 4 个问题项的 CITC 均大于 0.35，量表的 Cronbach's Alpha 由初始值 0.720 提升至 0.759，变量的测量一致性显著提高，符合量表的信度检验标准（见表 6 - 7 和表 6 - 8）。

表 6 – 7　　　　　　　　　　工作嵌入量表的信度分析（预试）

潜变量	题项	CITC	删除该项后的 Alpha	Alpha
工作嵌入	我觉得自己依附于这个单位	~~0.346~~	~~0.709~~	a = 0.720
	离开这个单位对我来说很困难	0.442	0.684	
	我被这个单位吸引，以致不能离开	0.694	0.609	
	我对这个单位感到厌倦	~~0.168~~	~~0.742~~	
	我能不轻率地离开我所工作的单位	0.456	0.681	
	离开这个单位对我来说很容易	~~0.285~~	~~0.720~~	
	我与这个单位紧密相连	0.636	0.636	

表 6 – 8　　　　　　　　　　工作嵌入量表的信度分析（预试）

潜变量	题项	CITC	删除该项后的 Alpha	Alpha
工作嵌入	离开这个单位对我来说很困难	0.499	0.731	a = 0.759
	我被这个单位吸引，以致不能离开	0.668	0.635	
	我不能轻率地离开我所工作的单位	0.651	0.652	
	我与这个单位紧密相连	0.425	0.769	

注：删除题项后。

3. 社会经济融合量表的信度分析

本研究根据量表测量社会经济融合，表 6 – 9 为社会经济融合的信度分析结果。在测量社会经济融合的题项中，量表的总体 a 系数为 0.703，大于 0.7；同时，所有的题项 CITC 都大于 0.35，进一步观测删除每个题项的 a 系数变化方向，发现如果删除任一个题项，都不能显著提高一致性指数。因此，上述量表的测量通过信度检验。

表 6 – 9　　　　　　　　　　社会经济融合量表的信度分析（预试）

潜变量	题项	CITC	删除该项后的 Alpha	Alpha
社会经济融合	平均月收入	0.505	0.632	a = 0.703
	居住条件比较	0.416	0.734	
	收入状况比较	0.654	0.439	

4. 消极情绪调节自我效能感量表的信度分析

本研究根据量表测量消极情绪调节自我效能感，表 6 – 10 为消极情绪调节自我效能感的信度分析结果。在测量消极情绪调节自我效能感的题项中，量表的总体 α 系数为 0.782，大于 0.7；同时，所有的题项 CITC 都大于 0.35，进一步观测删除每个题项的 α 系数变化方向，发现如果删除任一个题项，都不能显著提高一致性指数。因此，上述量表的测量通过信度检验。

表 6 – 10 消极情绪调节自我效能感量表的信度分析（预试）

潜变量	题项	CITC	删除该项后的 Alpha	Alpha
消极情绪调节自我效能感	1. 当你孤独时，避免产生沮丧情绪的能力	0.587	0.734	α = 0.782
	2. 当你受到严厉批评时，避免产生气馁情绪的能力	0.521	0.751	
	3. 当你面对困难时，使自己摆脱挫折感的能力	0.571	0.740	
	4. 当别人总是让你难堪时，你避免自己恼怒的能力	0.618	0.725	
	5. 当遇到不公平的对待时，你从愤怒的情绪中迅速恢复的能力	0.523	0.751	
	6. 当你生气时，避免自己大发雷霆的能力	0.372	0.788	

6.4 数据收集

本研究正式问卷的数据收集样本选在全国流动人口数量最大的省份城市，包括华南地区的广州、海口；华北地区的北京、天津和沈阳；华中地区的武汉、郑州；华东地区的上海、南京和杭州；华西地区的重庆、西安。这些省份城市代表性明显，近年来是我国人口数量流动最快的省份城市，同时也是我国经济发展最为迅速的区域，符合本研究的研究背景要求。正式调查问卷发放和回收主要采取了以下几种方式进行：

第一种方式，通过在职 MBA 学生周末上课时间发放和回收问卷。现场发放的所有问卷均由班长安排特定时间邀请符合条件的新移民知识人才进行填写，大多数问卷现场回收，个别的问卷学生带回公司发放给符合条件的同事填写。该方式共发放问卷 60 份，回收问卷 27 份，其中经删除缺项、不认真作答和不符合非出生地工作条件作答等无效问卷，最终回收有效问卷 18 份，问卷回收率和有效问卷回收率分别为 45% 和 30%。

第二种方式，通过微信和 E – mail 的方式对符合全国样本城市的新移民知识人才进行问卷的填写。该方式共发放问卷 1920 份，回收问卷 1209 份，其中经删除缺项、不认真作答和不符合非出生地工作条件作答等无效问卷，最终回收有效问卷 1017 份，问卷回收率和有效问卷回收率分别为 62.96% 和 52.96%。

第三种方式，通过笔者访谈过程中向新移民知识人才发放和回收问卷，共发放 20 份，回收 18 份，问卷回收率和有效问卷回收率均为 90%。

本研究通过上述几种方式共发放问卷 2000 份，回收问卷 1254 份，其中有效问卷 1053 份，问卷回收率和有效问卷回收率分别为 62.7% 和 52.65%。

第 7 章

样本分析与实证条件检验

7.1 样本特征分析

为了研究新移民知识人才的流动情况，本研究调查了中国人口流动密度最大、最具有代表性的省份城市，分别为华南地区的广州、海口；华北地区的北京、天津和沈阳；华中地区的武汉、郑州；华东地区的上海、南京和杭州；华西地区的重庆、西安。对在各行各业工作的新移民知识人才发放问卷 2000 份，回收 1254 份，有效问卷 1053 份。问卷回收率为 62.7%，问卷有效回收率为 52.65%。样本结构如表 7-1 所示。

表 7-1　　　　　　　　　　　样本基本特征

特征	变量取值	样本数（份）	百分比（%）
性别	男	455	43.2
	女	598	56.8
年龄	25 岁及以下	178	16.9
	26~35 岁	637	60.5
	36~45 岁	182	17.3
	46 岁及以上	56	5.3
学历	大专	207	19.7
	本科	616	58.5
	硕士	221	21.0
	博士	9	0.9
移居地工作年限	1 年以内	109	10.4
	1~2 年	141	13.4
	3~5 年	265	25.2
	6~9 年	295	28.0
	10 年以上	243	23.1

特征	变量取值	样本数（份）	百分比（%）
婚姻状况	未婚	352	33.4
	已婚无子女	145	13.8
	已婚有子女	536	50.9
	离婚无子女	8	0.8
	离婚有子女	10	0.9
	其他	2	0.2
职业	高层管理者	42	4.0
	中层管理者	203	19.3
	基层主管	243	23.1
	普通职员	498	47.3
	自雇佣	26	2.5
	其他	41	3.9
单位性质	体制外单位	600	57.0
	体制内单位	453	43.0
房权	无房权	569	54.0
	有房权	484	46.0
工作城市	华东地区	203	19.3
	华南地区	463	44.0
	华中地区	154	14.6
	华北地区	196	18.6
	其他地区	37	3.5

由表 7-1 可知，测量对象的性别分布为男性占总样本数的 43.2%，女性占总样本数的 56.8%，男性与女性所占比例基本相当。

在年龄分布上，大部分的新移民知识人才年龄在 26～35 岁，占总样本数的 60.5%。25 岁及以下占总样本数的 16.9%，36～45 岁占总样本数的 17.3%，46 岁及以上占总样本数的 5.3%。这说明了活跃在省份城市发展的新移民知识人才大多数都很年轻，正处于风华正茂的年龄。

在学历方面，本科生人数最多，占总样本数的 58.5%；其次是大专和硕士的比例相当，分别占总样本数的 19.7% 和 21.0%；博士研究生人数最少，仅占总样本数的 0.9%。

在工作年限方面，在移居地工作 1 年以内的新移民知识人才，占总样本数的

10.4%；工作 1~2 年的新移民知识人才，占总样本数的 13.4%；工作 3~5 年的新移民知识人才，占总样本数的 25.2%；工作 6~9 年的新移民知识人才，占总样本数的 28%；工作 10 年以上的新移民知识人才，占总样本数的 23.1%。

在婚姻状况方面，33.4% 的新移民知识人才处于未婚状态，13.8% 的新移民知识人才已婚无子女，50.9% 的新移民知识人才已婚有子女，0.8% 的新移民知识人才离婚无子女，0.9% 的新移民知识人才离婚有子女，处于其他状态的新移民知识人才占总样本数的 0.2%。

在职业方面，在公司担任高管的新移民知识人才占总样本数的 4%，在公司担任中层管理者的新移民知识人才占总样本数的 19.3%，在公司担任基层主管的新移民知识人才占总样本数的 23.1%，而绝大部分的新移民知识人才在公司里只是普通岗位，占总样本数的 47.3%。处于自雇佣和其他职业状态的新移民知识人才分别占总样本数的 2.5% 和 3.9%。

在单位性质方面，以民营和外资企业为主的体制外单位占总样本数的 57%，以国有企业、政府机关或事业单位为主的体制内单位占总样本数的 43%。

在房权方面，54% 的新移民知识人才没有购买住房，他们在移居地租房或居住在单位提供的集体宿舍，或与父母、亲戚同住。而在移居地拥有自己产权房的新移民知识人才占总样本数的 46%。

在工作城市方面，大多数的新移民知识人才聚居在华南地区的省份城市，占总样本数的 44%。其次是聚居在华东地区、华北地区和华中地区省份城市工作的新移民知识人才比例相当，分别为 19.3%、18.6% 和 14.6%。最后，聚居在其他地区省份城市工作的新移民知识人才比例最小，占总样本数的 3.5%。

总体而言，所调查的新移民知识人才在性别、年龄、学历、工作年限、婚姻状况、职业、单位性质、房权以及工作城市等特征方面具有较好的代表性，符合本研究样本数据的分析要求。

7.2 描述性统计

本研究使用 SPSS17.0，对工作嵌入量表、社会经济融合量表、消极情绪调节自我效能感量表以及跨区域流动倾向量表的测量问项进行描述性分析。具体包括测量问项的均值、标准差、偏度及峰度的描述性分析。

7.2.1 跨区域流动倾向的描述性统计

由表 7-2 可知，跨区域流动倾向量表中，各测量题项的偏度绝对值的最小值为 -0.060，偏度绝对值的最大值为 0.360。各测量问项的峰度绝对值的最小值为 -0.567，峰度绝对值的最大值为 -0.677。一般认为偏度绝对值小于 3，且峰度绝对值小于 10，可以认为数据满足正态分布要求（Kline，1998；黄芳铭，2005）。所以，跨区域流动倾向量表的各测量问项的数据基本服从正态分布。

表 7-2 跨区域流动倾向测量题项的描述性统计与正态性检验

题项	均值	标准差	偏度		峰度	
			偏度值	标准误	峰度值	标准误
跨区域流动倾向 1	2.6230	0.03221	0.360	0.075	-0.577	0.151
跨区域流动倾向 2	2.5831	0.02919	0.251	0.075	-0.567	0.151
跨区域流动倾向 3	2.7170	0.02971	-0.060	0.075	-0.677	0.151

7.2.2 工作嵌入的描述性统计

由表 7-3 可知，工作嵌入量表中，各测量问项的偏度绝对值的最小值为 -0.911，最大值为 0.262。各测量问项的峰度绝对值的最小值为 -0.942，最大值为 0.591。一般认为偏度绝对值小于 3，且峰度绝对值小于 10，可以认为数据满足正态分布要求（Kline，1998；黄芳铭，2005）。所以，工作嵌入量表的各测量问项的数据基本服从正态分布。

表 7-3 工作嵌入测量题项的描述性统计与正态性检验

题项	均值	标准差	偏度		峰度	
			偏度值	标准误	峰度值	标准误
工作嵌入 1	3.00	1.098	0.069	0.075	-0.942	0.151
工作嵌入 2	2.84	1.127	0.262	0.075	-0.861	0.151
工作嵌入 3	3.71	0.917	-0.911	0.075	0.591	0.151
工作嵌入 4	3.27	1.005	-0.240	0.075	-0.648	0.151

7.2.3 社会经济融合的描述性统计

由表 7-4 可知，社会经济融合量表中，各测量问项的偏度绝对值的最小值为 -0.836，最大值为 0.280。各测量问项的峰度绝对值的最小值为 -1.063，最大值为 0.068。一般认为偏度绝对值小于 3，且峰度绝对值小于 10，可以认为数据满足正态分布要求（Kline，1998；黄芳铭，2005）。观测变量的偏度绝对值远小于 3，且峰度绝对值远小于 10。由此可见，社会经济融合量表的各测量问项的数据基本服从正态分布。

表 7-4 社会经济融合测量题项的描述性统计与正态性检验

题项	均值	标准差	偏度		峰度	
			偏度值	标准误	峰度值	标准误
社会经济融合 1	2.92	1.297	0.280	0.075	-1.063	0.151
社会经济融合 2	3.49	1.015	-0.519	0.075	-0.165	0.151
社会经济融合 3	3.77	1.097	-0.836	0.075	0.068	0.151

7.2.4 消极情绪调节自我效能感的描述性统计

由表 7-5 可知，消极情绪调节自我效能感量表中，各测量问项的偏度绝对值的最小值为 -0.348，最大值为 -0.192。各测量问项的峰度绝对值的最小值为 -0.307，最大值为 0.033。一般认为偏度绝对值小于 3，且峰度绝对值小于 10，可以认为数据满足正态分布要求（Kline，1998；黄芳铭，2005）。所以，消极情绪调节自我效能感量表的各测量问项的数据基本服从正态分布。

表 7-5 消极情绪调节自我效能感测量题项的描述性统计与正态性检验

题项	均值	标准差	偏度		峰度	
			偏度值	标准误	峰度值	标准误
消极情绪调节自我效能感 1	3.42	0.869	-0.276	0.075	-0.148	0.151
消极情绪调节自我效能感 2	3.33	0.940	-0.192	0.075	-0.307	0.151
消极情绪调节自我效能感 3	3.54	0.860	-0.260	0.075	0.033	0.151
消极情绪调节自我效能感 4	3.37	0.929	-0.271	0.075	-0.205	0.151
消极情绪调节自我效能感 5	3.46	0.906	-0.313	0.075	-0.035	0.151
消极情绪调节自我效能感 6	3.45	0.940	-0.348	0.075	-0.199	0.151

7.3 效度与信度检验

本研究采用主成分分析的因子提取方法和最大方差的旋转方法，分别对相关变量进行因子分析，以检验其效度。在分析信度时，本研究计算每个变量的 Cronbach's Alpha 系数，同时计算题项 CITC 变量的，以评价变量测度的信度。

7.3.1　效度分析

1. 跨区域流动倾向的效度检验

跨区域流动倾向为概念模型中的被解释变量。本研究对跨区域流动倾向的 3 个测度题项进行主成分因子分析（特征根大于 1），如表 7 - 6 所示，有 1 个因子即跨区域流动倾向被识别出来，并且这些测度题项具有单维度特点，KMO 值为 0.674（大于 0.6）；Bartlett's 球形检验的卡方值为 583.712，极其显著（sig = 0.000）。各题项的因子载荷系数均大于 0.5（最大值为 0.815，最小值为 0.784）。由此可见，跨区域流动倾向量表所提取的共同因子与概念结构的特质一致，具有较好的效度。

表 7 - 6　　　　　　　　　跨区域流动倾向的因子分析

变量	题项		因子荷载
跨区域流动倾向	RTI1	我很可能会去其他城市寻找发展机会	0.784
	RTI2	在未来的一年里，我很可能会去异地另谋高就	0.815
	RTI3	我常会想辞去目前的工作，去其他城市寻找工作	0.787

2. 工作嵌入的效度检验

工作嵌入是概念模型中的解释变量。本研究对工作嵌入的 4 个测度题项进行主成分因子分析（特征根大于 1），如表 7 - 7 所示，有 1 个因子被识别出来。KMO 值为 0.717（大于 0.7）；Bartlett's 球形检验的卡方值为 1283.812，极其显著（sig = 0.000）。各题项的因子载荷系数均大于 0.5（最大值为 0.839，最小值为 0.694）。由此可见，工作嵌入量表所提取的共同因子与概念结构的特质一致，具有较好的效度。

表 7 - 7　　　　　　　　　　工作嵌入的因子分析

变量	题项		因子荷载
工作嵌入	J1	离开这个单位对我来说很困难	0.788
	J2	我被这个单位吸引，以致不能离开	0.839
	J3	我不能轻率地离开我所工作的单位	0.694
	J4	我与这个单位紧密相连	0.797

3. 社会经济融合的效度检验

社会经济融合是概念模型中的解释变量。本研究对社会经济融合的 3 个测度题项进

83

行主成分因子分析（特征根大于1），如表7-8所示，有1个因子被识别出来。KMO值为0.635（大于0.6）；Bartlett's球形检验的卡方值为658.362，极其显著（sig=0.000）。各题项的因子载荷系数均大于0.5（最大值为0.856，最小值为0.709）。由此可见，社会经济融合量表所提取的共同因子与概念结构的特质一致，具有较好的效度。

表7-8 社会经济融合的因子分析

变量	题项	因子荷载
社会经济融合	J1　平均月收入	0.709
	J2　居住条件比较	0.819
	J3　收入状况比较	0.856

4. 消极情绪调节自我效能感的效度检验

消极情绪调节自我效能感是概念模型中的解释变量。本研究对工作嵌入的6个测度题项进行主成分因子分析（特征根大于1），如表7-9所示，有1个因子被识别出来。KMO值为0.882（大于0.7）；Bartlett's球形检验的卡方值为2930E3，极其显著（sig=0.000）。各题项的因子载荷系数均大于0.5（最大值为0.825，最小值为0.743）。由此可见，消极情绪调节自我效能感量表所提取的共同因子与概念结构的特质一致，具有较好的效度。

表7-9 消极情绪调节自我效能感的因子分析

变量	题项	因子荷载
消极情绪调节自我效能感	E1　当你孤独时，你避免产生沮丧情绪的能力	0.806
	E2　当你受到严厉批评时，你避免产生气馁情绪的能力	0.825
	E3　当你面对困难时，你使自己摆脱挫折感的能力	0.774
	E4　当别人总是让你难堪时，你避免自己恼怒的能力	0.798
	E5　当遇到不公平的对待时，你从愤怒的情绪中迅速恢复的能力	0.781
	E6　当你生气时，你避免自己大发雷霆的能力	0.743

7.3.2　信度分析

1. 跨区域流动倾向量表的信度分析

本研究根据量表测量跨区域流动倾向，表7-10为跨区域流动倾向的信度分析结果。在测量流动倾向的题项中，量表的总体 α 系数为 0.708，大于 0.7；同时，所有题项的 CITC 都大于 0.35，进一步观测删除每个题项的 a 系数变化方向，发现如果删除任一个题项，都不能显著提高一致性指数。因此，上述量表的测量通过信度检验。

表 7 – 10　　　　　　　　　跨区域流动倾向量表的信度分析

潜变量	题项	CITC	删除该项后的 Alpha	Alpha
跨区域流动倾向	1. 我很可能会去其他城市寻找发展机会	2.682	0.513	$\alpha = 0.708$
	2. 在未来的一年里，我很可能会去异地另谋高就	2.858	0.554	
	3. 我常会想辞去目前的工作，去其他城市寻找工作	2.909	0.514	

2. 工作嵌入量表的信度分析

在测量工作嵌入的题项中，如表 7 – 11 所示，该量表的总体 α 系数为 0.787，大于 0.7，同时，所有题项的 CITC 都大于 0.35，进一步观测删除每个题项的 α 系数变化方向，发现如果删除任一个题项，都不能显著提高一致性指数。因此，上述量表的测量通过信度检验。

表 7 – 11　　　　　　　　　工作嵌入量表的信度分析

潜变量	题项	CITC	删除该项后的 Alpha	Alpha
工作嵌入	离开这个单位对我来说很困难	0.605	0.729	$\alpha = 0.787$
	我被这个单位吸引，以致不能离开	0.671	0.693	
	我不能轻率地离开我所工作的单位	0.496	0.780	
	我与这个单位紧密相连	0.613	0.725	

3. 社会经济融合量表的信度分析

在测量社会经济融合的题项中，如表 7 – 12 所示，该量表的总体 α 系数为 0.697，接近 0.7，同时，所有题项的 CITC 都大于 0.35，进一步观测删除每个题项的 α 系数变化方向，发现如果删除任一个题项，都不能显著提高一致性指数。因此，上述量表的测量通过信度检验。

表 7－12　　　　　　　　　　　　　社会经济融合量表的信度分析

潜变量	题项	CITC	删除该项后的 Alpha	Alpha
社会经济融合	平均月收入	0.432	0.734	α = 0.697
	居住条件比较	0.537	0.587	
	收入状况比较	0.597	0.501	

4. 消极情绪调节自我效能感量表的信度分析

在测量消极情绪调节自我效能感的题项中，如表 7－13 所示，该量表的总体 α 系数为 0.877，大于 0.7，同时，所有题项的 CITC 都大于 0.35，进一步观测删除每个题项的 α 系数变化方向，发现如果删除任一个题项，都不能显著提高一致性指数。因此，上述量表的测量通过信度检验。

表 7－13　　　　　　　　　　消极情绪调节自我效能感量表的信度分析

潜变量	题项	CITC	删除该项后的 Alpha	Alpha
消极情绪调节自我效能感	当你孤独时，你避免产生沮丧情绪的能力	0.703	0.853	α = 0.877
	当你受到严厉批评时，你避免产生气馁情绪的能力	0.727	0.849	
	当你面对困难时，你使自己摆脱挫折感的能力	0.663	0.860	
	当别人总是让你难堪时，你避免自己恼怒的能力	0.698	0.854	
	当遇到不公平的对待时，你从愤怒的情绪中迅速恢复的能力	0.677	0.857	
	当你生气时，你避免自己大发雷霆的能力	0.632	0.865	

7.4　假设检验

本章将在对所有变量进行 Person 相关分析后，运用多元回归分析方法对模型的调节效应以及概念模型的路径和影响机制进行分析，并参照检验结果确定整体模型。

7.4.1　相关性分析

变量间存在相关关系是进行回归分析的前提，在进行回归分析前，本研究先对回归涉及的所有变量进行 Person 相关分析。如表 7－14 所示，跨区域流动倾向与工作嵌入、消极情绪调节自我效能感和社会经济融合均存在显著的相关关系。此外，在控制变量中，职业、单位性质与跨区域流动倾向显著正相关，年龄、学历、移居地工作年限、婚姻状况与跨区域流动倾向显著负相关，而性别与跨区域流动倾向的相关性不显著。

表 7 - 14　跨区域流动倾向与相关变量的相关分析

变量		1	2	3	4	5	6	7	8	9	10	11
1. 职业	Pearson 相关性	—	0.124***	-0.205***	-0.084**	-0.259***	-0.203***	0.221***	-0.157***	-0.261***	-0.137***	0.086**
	显著性(双侧)		0.000	0.000	0.006	0.000	0.000	0.000	0.000	0.000	0.000	0.005
2. 性别	Pearson 相关性	0.124***	—	-0.101***	-0.041	-0.056+	-0.008	0.003	-0.019	-0.145***	-0.198***	-0.034
	显著性(双侧)	0.000		0.001	0.184	0.071	0.790	0.926	0.544	0.000	0.000	0.267
3. 年龄	Pearson 相关性	-0.205***	-0.101***	—	0.057+	0.656***	0.556***	0.115***	0.121***	0.228***	0.080**	-0.107***
	显著性(双侧)	0.000	0.001		0.063	0.000	0.000	0.000	0.000	0.000	0.009	0.001
4. 学历	Pearson 相关性	-0.084**	-0.041	0.057+	—	0.057+	0.037	0.093**	0.135***	0.241***	0.052+	-0.156***
	显著性(双侧)	0.006	0.184	0.063		0.065	0.235	0.002	0.000	0.000	0.090	0.000
5. 移居地工作年限	Pearson 相关性	-0.259***	-0.056+	0.656***	0.057+	—	0.593***	0.039	0.226***	0.291***	0.139***	-0.197***
	显著性(双侧)	0.000	0.071	0.000	0.065		0.000	0.209	0.000	0.000	0.000	0.000
6. 婚姻状况	Pearson 相关性	-0.203***	-0.008	0.556***	0.037	0.593***	—	-0.015	0.222***	0.181***	0.134***	-0.206***
	显著性(双侧)	0.000	0.790	0.000	0.235	0.000		0.635	0.000	0.000	0.000	0.000
7. 单位性质	Pearson 相关性	0.221***	0.003	0.115***	0.093**	0.039	-0.015	—	-0.055+	-0.154***	-0.160***	0.118***
	显著性(双侧)	0.000	0.926	0.000	0.002	0.209	0.635		0.076	0.000	0.000	0.000
8. 工作嵌入	Pearson 相关性	-0.157***	-0.019	0.121***	0.135***	0.226***	0.222***	-0.055+	—	0.321***	0.290***	-0.591***
	显著性(双侧)	0.000	0.544	0.000	0.000	0.000	0.000	0.076		0.000	0.000	0.000
9. 社会经济融合	Pearson 相关性	-0.261***	-0.145***	0.228***	0.241***	0.291***	0.181***	-0.154***	0.321***	—	0.254***	-0.322***
	显著性(双侧)	0.000	0.000	0.000	0.000	0.000	0.000	0.000	0.000		0.000	0.000
10. 消极情绪调节自我效能感	Pearson 相关性	-0.137***	-0.198***	0.080**	0.052+	0.139***	0.134***	-0.160***	0.290***	0.254***	—	-0.280***
	显著性(双侧)	0.000	0.000	0.009	0.090	0.000	0.000	0.000	0.000	0.000		0.000
11. 跨区域流动倾向	Pearson 相关性	0.086**	-0.034	-0.107***	-0.156***	-0.197***	-0.206***	0.118***	-0.591***	-0.322***	-0.280***	—
	显著性(双侧)	0.005	0.267	0.001	0.000	0.000	0.000	0.000	0.000	0.000	0.000	

注:①*表示 p<0.05,**表示 p<0.01,***表示 p<0.001;②a:1-职业,2-性别,3-年龄,4-学历,5-移居地工作年限,6-婚姻状况,7-单位性质,8-工作嵌入,9-社会经济融合,10-消极情绪调节自我效能感,11-跨区域流动倾向。表中"+"表示正相关,"-"表示负相关。

7.4.2 变量维度之间的关系检验

本研究将采用多元线性回归模型验证工作嵌入、社会经济融合、消极情绪调节自我效能感、新移民知识人才流动倾向以及控制变量之间相互影响作用。

1. 工作嵌入与跨区域流动倾向

本研究仍通过多元线性回归模型来验证工作嵌入对跨区域流动倾向的影响作用。表7-15给出了回归分析的结果，共估计了2个模型。其中，各模型的被解释变量为跨区域流动倾向。模型1的解释变量仅包含控制变量，以检验性别、单位性质、年龄、学历、职业、婚姻状况和移居地工作年限对跨区域流动倾向带来的影响。模型2在控制变量的基础上加入了工作嵌入作为解释变量。

假设H1表述为工作嵌入对跨区域流动倾向的负向影响关系。从表7-15可以分析看出，模型2较模型1的R^2值都有显著提高，这说明工作嵌入对跨区域流动倾向具有明显的影响作用。其中，模型2中，工作嵌入的回归系数为负且显著异于零（$P < 0.001$），同时模型2在统计上达到极其显著（$F = 78.620$，$P < 0.001$），这一结果说明工作嵌入对跨区域流动倾向具有显著的负向影响，因而假设H1获得结果支持。

表7-15   工作嵌入对跨区域流动倾向影响的回归分析

变量	模型1		模型2	
	回归系数	标准误差	回归系数	标准误差
常数项	3.504***	0.159	4.959***	0.148
控制变量				
职业	-0.005	0.023	-0.038*	0.019
性别	-0.069	0.047	-0.071+	0.039
年龄	0.064	0.044	0.007	0.037
学历	-0.189***	0.035	-0.108***	0.029
移居地工作年限	-0.094***	0.026	-0.034	0.022
婚姻状况	-0.116***	0.031	-0.048+	0.026
单位性质	0.208***	0.049	0.171***	0.041
工作嵌入			-0.538***	0.025
模型统计量				
R^2	0.094		0.376	

续表

变量	模型 1		模型 2	
	回归系数	标准误差	回归系数	标准误差
调整后 R^2	0.088		0.371	
R^2 变动	0.094		0.282	
F 变动	15.531***		471.319***	
F 统计值	15.531***		78.620***	

注：模型中的被解释变量均为跨区域流动倾向；*** 表示显著性水平 $p < 0.001$（双尾检验），* 表示显著性水平 $p < 0.05$（双尾检验），+ 表示显著性水平 $p < 0.1$（双尾检验）。

2. 社会经济融合与跨区域流动倾向

本研究仍通过多元线性回归模型来验证社会经济融合对跨区域流动倾向的影响作用。表 7-16 给出了回归分析的结果，共估计了 2 个模型。其中，各模型的被解释变量为跨区域流动倾向。模型 1 的解释变量仅包含控制变量，以检验性别、单位性质、年龄、学历、职业、婚姻状况和移居地工作年限对跨区域流动倾向带来的影响。模型 2 在控制变量的基础上加入了社会经济融合作为解释变量。

假设 H2 表述为社会经济融合对跨区域流动倾向的负向影响关系。从表 7-16 可以分析看出，模型 2 较模型 1 的 R^2 值都有显著提高，这说明社会经济融合对跨区域流动倾向具有明显的影响作用。其中，模型 2 中，社会经济融合的回归系数为负且显著异于零（$p < 0.001$），同时模型 2 在统计上达到极其显著（$F = 23.395$，$p < 0.001$），这一结果说明社会经济融合对跨区域流动倾向具有显著的负向影响，因而假设 H2 获得结果支持。

表 7-16　　　　社会经济融合对跨区域流动倾向影响的回归分析

变量	模型 1		模型 2	
	回归系数	标准误差	回归系数	标准误差
常数项	3.504***	0.159	4.182***	0.174
控制变量				
职业	-0.005	0.023	-0.031	0.023
性别	-0.069	0.047	-0.112*	0.046
年龄	0.064	0.044	0.084*	0.043
学历	-0.189***	0.035	-0.117***	0.035
移居地工作年限	-0.094***	0.026	-0.058**	0.026

变量	模型 1		模型 2	
	回归系数	标准误差	回归系数	标准误差
婚姻状况	−0.116***	0.031	−0.121***	0.030
单位性质	0.208***	0.049	0.139*	0.048
社会经济融合			−0.234***	0.028
模型统计量				
R^2	0.094		0.152	
调整后 R^2	0.088		0.146	
R^2 变动	0.094		0.058	
F 变动	15.531***		71.150***	
F 统计值	15.531***		23.395***	

注：模型中的被解释变量均为跨区域流动倾向；*** 表示显著性水平 $p < 0.001$（双尾检验），** 表示显著性水平 $p < 0.01$（双尾检验），* 表示显著性水平 $p < 0.05$（双尾检验）。

3. 社会经济融合对工作嵌入与跨区域流动倾向之间关系的调节作用

表 7-17 给出了回归分析的结果，共估计 4 个模型。其中，各模型的被解释变量均为跨区域流动倾向。模型 1 的解释变量不仅包含控制变量（性别、单位性质、年龄、学历、职业、婚姻状况和移居地工作年限）、解释变量（工作嵌入），还加入了调节变量（社会经济融合），以检验性别、单位性质、年龄、学历、职业、婚姻状况、移居地工作年限、工作嵌入和社会经济融合对新移民知识人才跨区域流动倾向带来的影响。模型 2 在模型 1 的基础上加入了工作嵌入作为解释变量；模型 3 在模型 2 的基础上加入了社会经济融合作为解释变量；模型 4 在模型 3 的基础上加入了工作嵌入与社会经济融合的交互项作为解释变量。

表 7-17   社会经济融合对工作嵌入与跨区域流动倾向关系的调节作用回归分析

变量	模型 1		模型 2		模型 3		模型 4	
	回归系数	标准误差	回归系数	标准误差	回归系数	标准误差	回归系数	标准误差
常数项	3.504	0.159	3.236	0.133	3.194	0.132	3.181	0.130
职业	−0.005	0.023	−0.038*	0.019	−0.049*	0.019	−0.049*	0.019

续表

变量	模型1		模型2		模型3		模型4	
	回归系数	标准误差	回归系数	标准误差	回归系数	标准误差	回归系数	标准误差
性别	-0.069	0.047	-0.071 +	0.039	-0.092 *	0.039	-0.080 *	0.039
年龄	0.064	0.044	0.007	0.037	0.020	0.036	0.008	0.036
学历	-0.189 ***	0.035	-0.108 ***	0.029	-0.078 **	0.030	-0.066 *	0.030
移居地工作年限	-0.094 ***	0.026	-0.034	0.022	-0.020	0.022	-0.017	0.022
婚姻状况	-0.116 ***	0.031	-0.048 +	0.026	-0.054 *	0.026	-0.042 *	0.026
单位性质	0.208 ***	0.049	0.171 ***	0.041	0.139 ***	0.041	0.111 **	0.041
工作嵌入			-0.538 ***	0.025	-0.509 ***	0.025	-0.491 ***	0.025
社会经济融合					-0.115 ***	0.024	-0.126 ***	0.024
工作嵌入 * 社会经济融合							-0.124 ***	0.027
模型统计量								
R^2	0.094		0.376		0.389		0.401	
调整后 R^2	0.088		0.371		0.384		0.395	
R^2 变动	0.094		0.282		0.013		0.012	
F 变动	15.531 ***		471.319 ***		22.243 ***		21.270 ***	
F 统计值	15.531 ***		78.620 ***		73.778 ***		69.818 ***	

注：模型中的被解释变量均为跨区域流动倾向；*** 表示显著性水平 $p < 0.001$（双尾检验），** 表示显著性水平 $p < 0.01$（双尾检验），* 表示显著性水平 $p < 0.05$（双尾检验），+ 表示显著性水平 $p < 0.1$（双尾检验）。

假设 H3 表述为社会经济融合对工作嵌入与跨区域流动倾向之间关系具有负向调节作用。在模型4中，工作嵌入与社会经济融合的交互项的回归系数为负且显著异于零（$\beta = -0.124$，$p < 0.001$），同时模型4在统计上达到极其显著（$F4 = 69.818$，$p < 0.001$），这一结果说明社会经济融合对工作嵌入与跨区域流动倾向之间关系具有显著的负向调节作用，假设 H3 获得结果支持。

图 7-1 给出了社会经济融合对工作嵌入与跨区域流动倾向关系的调节模式，结果表明：在低社会经济融合的状况下，工作嵌入与跨区域流动倾向之间的关系很小，跨区域流动倾向随工作嵌入水平高低的变化不显著；而在高社会经济融合的情况下，工作嵌入与跨区域流动倾向之间的关系很强，工作嵌入水平的提升将有效降低新移民知识人才的跨区域流动倾向。

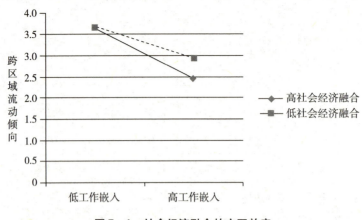

图 7 – 1　社会经济融合的交互效应

4. 消极情绪调节自我效能感与跨区域流动倾向

本研究通过多元线性回归模型来验证消极情绪调节自我效能感对跨区域流动倾向的影响作用。表 7 – 18 给出了回归分析的结果，共估计了 2 个模型。其中，各模型的被解释变量均为跨区域流动倾向。模型 1 的解释变量仅包含控制变量，以检验性别、单位性质、年龄、学历、职业、婚姻状况和移居地工作年限对跨区域流动倾向带来的影响。模型 2 在控制变量的基础上加入了消极情绪调节自我效能感作为解释变量。

假设 H4 表述为消极情绪调节自我效能感对跨区域流动倾向的负向影响关系。从表 7 – 18 可以分析看出，模型 2 较模型 1 的 R^2 值有显著提高，这说明消极情绪调节自我效能感对跨区域流动倾向具有明显的影响作用。其中，模型 2 中，消极情绪调节自我效能感的回归系数为正且显著异于零（$p < 0.001$），同时模型 2 在统计上达到极其显著（$F = 22.982$，$p < 0.001$），这一结果说明消极情绪调节自我效能感对跨区域流动倾向具有显著的负向影响，因而假设 H4 获得结果支持。

表 7 – 18　　消极情绪调节自我效能感对跨区域流动倾向影响的回归分析

变量	模型 1		模型 2	
	回归系数	标准误差	回归系数	标准误差
常数项	3.504 ***	0.159	4.507 ***	0.196
控制变量				
职业	– 0.005	0.023	– 0.013	0.023
性别	– 0.069	0.047	– 0.143 *	0.047

续表

变量	模型1		模型2	
	回归系数	标准误差	回归系数	标准误差
年龄	0.064	0.044	0.052	0.043
学历	−0.189 ***	0.035	−0.175 ***	0.034
移居地工作年限	−0.094 ***	0.026	−0.079 *	0.026
婚姻状况	−0.116 ***	0.031	−0.099 +	0.030
单位性质	0.208 ***	0.049	0.149 *	0.048
消极情绪调节自我效能感			−0.271 ***	0.033
模型统计量				
R^2	0.094		0.150	
调整后 R^2	0.088		0.143	
R^2 变动	0.094		0.056	
F 变动	15.531 ***		68.157 ***	
F 统计值	15.531 ***		22.982 ***	

注：模型中的被解释变量均为生活满意度；*** 表示显著性水平 $p < 0.001$（双尾检验），* 表示显著性水平 $p < 0.05$（双尾检验），+ 表示显著性水平 $p < 0.1$（双尾检验）。

5. 消极情绪调节自我效能感对工作嵌入与跨区域流动倾向之间关系的调节作用

表7−19 给出了回归分析的结果，共估计了4个模型。其中，各模型的被解释变量均为跨区域流动倾向。模型1的解释变量不仅包含控制变量（性别、单位性质、年龄、学历、职业、婚姻状况和移居地工作年限）、解释变量（工作嵌入），还加入了调节变量（消极情绪调节自我效能感），以检验性别、单位性质、年龄、学历、职业、婚姻状况、移居地工作年限、工作嵌入和消极情绪调节自我效能感对新移民知识人才跨区域流动倾向带来的影响。模型2在模型1的基础上加入了工作嵌入作为解释变量；模型3在模型2的基础上加入了消极情绪调节自我效能感作为解释变量；模型4在模型3的基础上加入工作嵌入与消极情绪调节自我效能感的交互项作为解释变量。

假设 H 表述为消极情绪调节自我效能感对工作嵌入与跨区域流动倾向之间关系具有负向调节作用。在模型4中，工作嵌入与消极情绪调节自我效能感的交互项的回归系数为负且显著异于零（$\beta = -0.077$，$p < 0.05$），同时模型4在统计上达到极其显著（$F4 = 66.796$，$p < 0.001$），这一结果说明消极情绪调节自我效能感对工作嵌入与跨区域流动

倾向之间关系具有显著的负向调节作用，假设 H 获得结果支持。

表 7 - 19　　消极情绪调节自我效能感对工作嵌入与跨区域流动倾向关系的调节作用回归分析

变量	模型 1		模型 2		模型 3		模型 4	
	回归系数	标准误差	回归系数	标准误差	回归系数	标准误差	回归系数	标准误差
常数项	3.504 ***	0.159	3.236	0.133	3.284	0.132	3.276	0.132
职业	-0.005	0.023	-0.038 *	0.049	-0.040 **	0.019	-0.036 +	0.019
性别	-0.069	0.047	-0.071 +	0.069	-0.105 +	0.040	-0.103 **	0.040
年龄	0.064	0.044	0.007	0.839	0.005	0.036	0.001	0.036
学历	-0.189 ***	0.035	-0.108 ***	0.000	-0.106 ***	0.029	-0.103 ***	0.029
移居地工作年限	-0.094 ***	0.026	-0.034	0.121	-0.030	0.022	-0.028	0.022
婚姻状况	-0.116 ***	0.031	-0.048 +	0.062	-0.044 +	0.026	-0.042	0.026
单位性质	0.208 ***	0.049	0.171 ***	0.000	0.146 ***	0.041	0.133 ***	0.041
工作嵌入			-0.538 ***	0.000	-0.510 ***	0.025	-0.495 ***	0.026
消极情绪调节自我效能感					-0.125 ***	0.029	-0.128 ***	0.029
工作嵌入×消极情绪调节自我效能感							-0.077 *	0.031
模型统计量								
R^2	0.094		0.376		0.387		0.391	
调整后 R^2	0.088		0.371		0.382		0.385	
R^2 变动	0.094		0.282		0.011		0.004	
F 变动	15.531 ***		471.319 ***		18.829 ***		6.169 *	
F 统计值	15.531 ***		78.620 ***		73.170 ***		66.796 ***	

注：模型中的被解释变量均为跨区域流动倾向；*** 表示显著性水平 $p < 0.001$（双尾检验），** 表示显著性水平 $p < 0.01$（双尾检验），* 表示显著性水平 $p < 0.05$（双尾检验），+ 表示显著性水平 $p < 0.1$（双尾检验）。"-"表示有负向影响关系。

消极情绪调节自我效能感对工作嵌入与跨区域流动倾向关系的调节模式如图 7 - 2 所示，结果表明：在低消极情绪调节自我效能感的状况下，新移民知识人才工作嵌入与跨区域流动倾向之间的关系较弱，跨区域流动倾向随工作嵌入程度的变化较小；而在高消极情绪调节自我效能感的情况下，工作嵌入与跨区域流动倾向之间的关系很强，工作嵌入水平的提升将有效降低新移民知识人才的跨区域流动倾向。

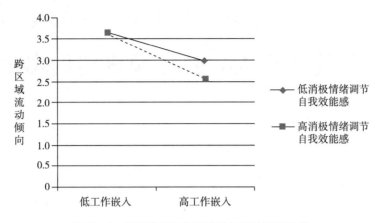

图7－2 消极情绪调节自我效能感的交互效应

第8章

中国新移民知识人才跨区域流动的理论思考

8.1　讨论与结论

结合理论分析与案例研究，本研究从个人、组织和社会三个层面，构造新移民知识人才跨区域流动倾向影响的概念模型并提出研究假设。概念模型认为，在社会经济融合与消极情绪调节自我效能感的双重作用下，工作嵌入对新移民知识人才的跨区域流动倾向的影响机制不仅在理论上可行，在实证上5个假设也全部通过验证。具体而言，本研究主要形成了以下四个方面的研究结论。这些结论弥补论文以往研究的不足，并深刻揭示了新移民知识人才跨区域流动的内在动因与机理。

1. 人口变量对新移民跨区域流动倾向的影响

年龄、学历、移居地工作年限、婚姻状况与跨区域流动倾向显著负相关。随着在移居城市生活时间的推移，新移民知识人才逐渐适应新的城市，并开始追求稳定的移居城市工作和生活，不愿意频繁到新的地区调换工作，而且随着新移民知识人才年龄的增长，他们越依附于现在的组织和城市，到外部寻找新工作的欲望也就越来越低，这也一定程度上降低了他们的跨区域流动倾向。对于学历较低的新移民知识人才来说，他们找到一份满意工作的难度比学历高的新移民知识人才来说更为困难，于是他们不得不为了生存和发展的需要接受一份满意程度可能不高的工作，而直接导致他们的跨区域流动倾向较高，为了寻找到一份更为满意的工作，他们可能会选择流动到其他地区工作。而对于高学历的新移民知识人才来说，他们由于具有明显的竞争优势，而更容易找到自己喜爱的工作，所以他们的跨区域流动倾向相对较低。相对于未婚的新移民知识人才而言，已婚的新移民知识人才在移居城市拥有了自己的小家庭，从心理上增强了对当地的归属感，在一定程度上削弱了他们举家搬迁到其他地区，重新构建新生活的欲望。

职业、单位性质与跨区域流动倾向显著正相关。新移民知识人才岗位级别越低，工作单位越稳定，他们去往其他地区寻找新工作的概率就越低。而在性别方面，无论是男性的新移民知识人才，还是女性的新移民知识人才，他们选择进行跨区域流动的行为没有明显差异。

2. 工作嵌入的影响效应

关于工作嵌入对新移民知识人才跨区域流动倾向的作用，研究的主要结论是：工作嵌入对新移民知识人才的跨区域流动倾向具有显著的影响（$\beta = -0.538$，$p < 0.001$）。之前已有学者从理论层面对工作嵌入与人才跨区域流动展开研究，并在欠发达地区通过多个实证研究表明组织嵌入等因素对人才跨区域流动具有较强的解释力。例如，黎春燕与李伟铭（2013）从理论层面探讨了工作嵌入能够有效地降低我国新移民知识人才跨区域流动的意愿。侯胜朋（2015）、张正堂和赵曙明（2007）等也在中国兰州、苏北地区等地区企业展开了实证研究，得出了组织嵌入、子女教育责任、绩效可观测性对知识人才的跨区域流动有显著的预测力。杨廷钫和凌文辁（2013）研究了工作嵌入对新生代农民工回乡意愿的影响。本书的研究聚焦于全国流动人口数量最大的省份城市，新移民知识人才的研究也进一步证明了工作嵌入与跨区域流动倾向负相关。当新移民知识人才在移居城市的工作嵌入水平较高时，他们会更加珍惜自己眼前工作的城市，而不愿意到其他地区寻找新的工作机会。

3. 社会经济融合的影响效应

社会经济融合在社会融合维度中的基础性作用不容忽视，它能够促进社会融合整体水平的提高，降低新移民知识人才的跨区域流动倾向。从表 7 - 16 模型 2 得到社会经济融合对新移民知识人才跨区域流动倾向具有显著的影响（$\beta = -0.234$，$P < 0.001$），结果表明社会经济融合能够直接负向作用于新移民知识人才跨区域流动倾向。以往张文宏（2008）等学者的研究表明，多数城市新移民对月收入的满意度是预测人才留居城市的关键影响因素之一。悦中山（2011）发现，农民工的收入、房产或拥有了职业阶层向上流动的机会对他们选择回迁具有显著的影响。本书的研究结论与他们的观点相符，经济收入增长和拥有稳定的住所是促使新移民知识人才留在移居城市的一个重要影响因素，当新移民知识人才具有高的经济融合水平时，表明新移民知识人才在移居地中已经得到了一定的认同或者具有一定的竞争优势，这时选择流动到其他地区不仅丧失了高收入增长的机会，而且也放弃了在移居城市中积累的种种发展优势。加之，获得高收入增长的人才更可能在情感上依附于组织，并会产生回报组织和留居城市的念头，因此，他们的跨区域流动倾向较低。

社会经济融合对新移民知识人才工作嵌入与跨区域流动倾向的关系起到了调节作用，随着社会经济融合水平的提升，工作嵌入对新移民知识人才跨区域流动倾向的作用不断增强。研究表明，社会经济融合程度越高的新移民知识人才，他们对自身的工作发展和职业前景越加关注，他们更可能会因为工作发展受限和职业瓶颈而产生高的跨区域流动倾向，而报酬增长对他们跨区域流动倾向的影响则比较弱；那些社会经济融合程度低的新移民知识人才，他们对是否继续从事本组织的工作并不确定，而相对地更加注重其他地区组织在薪酬福利方面给予的待遇，因此更可能因经济收入增长缓慢而产生高的跨区域流动倾向。

4. 消极情绪调节自我效能感的影响效应

关于消极情绪调节自我效能感对新移民知识人才跨区域流动倾向的直接效应，研究的结论为消极情绪调节自我效能感对新移民知识人才跨区域流动倾向具有显著的影响（β = −0.271，p < 0.001），结果表明消极情绪调节自我效能感能够直接负向作用于新移民知识人才跨区域流动倾向。之前钟柳（2016）等诸多学者主要关注于情绪调节自我效能感的研究，较少关注消极情绪调节自我效能感这一重要维度对人才的影响，而心理层面的消极情绪调节自我效能感在新移民知识人才顺利处理陌生城市工作和生活时所产生沮丧、痛苦等负性情绪并继续长时间留居迁入地的过程中起着关键性的作用。当新移民知识人才在异地处于逆境时，高消极情绪调节自我效能感相信自己能够通过有效的措施和手段来降低负面事件带来的情绪冲击，而不轻易产生离开移居城市前往其他城市发展的念头，会表现出较弱的跨区域流动倾向，反之则会希望通过离开居住地来实现新的发展。

关于消极情绪调节自我效能感的调节作用，随着消极情绪调节自我效能感水平的提升，工作嵌入对新移民知识人才跨区域流动倾向的作用不断增强。研究表明，消极情绪调节自我效能感越高的新移民知识人才，他们对处理负面的情绪越有信心，他们更可能会因为缺乏组织归属感而产生高的跨区域流动倾向；那些消极情绪调节自我效能感越低的新移民知识人才，他们对异地陌生的环境本来就缺乏安全感，一旦遇到一份不顺心的工作，而相对地更加注重其他地区的工作机会，因此更可能因缺乏面对不愉快事件的信心而产生高的跨区域流动倾向。这一新的证据弥补了以往研究的不足，它表明在对新移民知识人才这一特殊群体而言，影响他们在不同地区流动的心理因素更多地来自消极情绪调节自我效能感。这一证据也解开了新移民知识人才为什么会选择在不同地区流动的谜团。

8.2 研究局限与展望

本书引入工作嵌入理论并结合社会经济融合和消极情绪调节自我效能感的作用，对新移民知识人才跨区域流动倾向的内部机制进行了一些实证性的探讨，取得了一些比较有价值的研究成果。但在研究过程中受限于各方面因素的约束，本研究尚存在一些不足之处，有待于在现有研究的基础上做进一步深化。

（1）本研究的调研数据体现了时间截面的横向研究结果，反映的是新移民知识人才暂时的状态和想法，缺少对调查对象的持续纵向跟踪，没有考虑各个变量在时间轴上的变化。而实际上概念模型中各个变量是随时间变化而不断变化的，横断面的数据分析无法厘清变量之间的动态化因果关系。在未来研究中，可以考虑采用纵向研究方法考察随着时间推移组织层面要素、社会层面要素和心理层面要素是如何对新移民知识人才的跨区域流动意愿产生影响的。

（2）本研究在测量的过程中对新移民知识人才跨区域流动采取了跨区域流动意愿这一主观态度评价，但这一替代流动的变量确实与人才的实际跨区域流动可能产生误差。为了减少这一误差，我们虽然严格把关量表设计流程和采用信效度较高的测量量表，并通过实施预试修改量表等多种方法确保数据质量，但是主观评价法仍可能影响到数据收集以及研究结论的可靠性和准确性。在未来研究中，可以考虑尽可能通过更为有效的途径获取人才跨区域流动的客观数据，来结合主观态度数据进行分析，将人才跨区域流动意愿这一主观评价误差降至最低。

（3）本研究选择重点探讨工作嵌入在新移民知识人才进行跨区域流动路径中的作用机制。未来研究中，可以进一步探索中国情境下工作嵌入量表的维度划分和工作嵌入的各子维度对其他变量的影响效果，发掘新移民知识人才不同流动路径下的作用机制。

第9章

中国新移民知识人才流动的管理建议

本书从中国新移民知识人才流动的现实问题出发，运用了多案例研究和大样本问卷调查等多种研究方法，完成了从实践归纳、推理、实证到形成理论的研究过程。通过新移民知识人才跨区域流动模型的构建，并采取大样本进行实证检验，厘清了新移民知识人才流动的内在机理，阐明了影响新移民知识人才流动的关键因素和影响路径，丰富和发展了新移民知识人才流动的相关理论，为优化新移民知识人才的流动管理提供了有益的启示。

9.1 促进组织人际情感联结

9.1.1 建立积极互动的沟通渠道

管理者应建立有效、通畅的沟通渠道和良好的反馈机制，积极与人才进行沟通，及时了解他们的想法和需求。管理者采用尊重、平等、关爱的人际沟通方式可以及时发现问题，使人才的离职危机提前得到解决。在工作中很容易出现本地人才与外地人才之间的摩擦冲突，这些问题如果解决得不及时，很可能使人才产生消极的情感，最终发展成为离职的导火线。沟通渠道的完善和反馈机制的建立健全，可以有效加强人才与人才之间及人才与管理者之间的交流沟通，通过交流沟通来增进双方的了解，及时化解因价值观、态度及工作方法等方面不同而产生的分歧，进而形成积极的态度和情感。

9.1.2 增强人际交往技能训练

新移民知识人才在移居地工作时，被嵌入在各种复杂的人际网络关系中。他们每天都要和不同级别的人打交道，同时要参与项目小组活动和部门的各项事务安排。企业可以通过讲座等多种形式的活动，提升新移民知识人才的人际交往技能。具备较强的人际沟通与处理能力的新移民知识人才，在组织中能够掌握更丰富的信息和资源，会更多地得到周围的人和同事的支持和帮助，而成为各种交际圈中的"圈内人"，以此弥补其在移居地缺乏人脉资源等劣势。否则即使拥有知识和能力，新移民知识人才在移居地也很难发展事业。新移民知识人才的人际交往能力的提升，有益于增加他们在异地的幸福感和归属感。

9.1.3　倡导和睦的上下级关系

公司的管理者要以身作则，用自己的实际行动去感染和领导新移民知识人才，形成积极向上的工作氛围。此外，管理者还要多关注人才工作和生活中所遇到的问题，并给予相关指导，形成融洽的组织关系，而不是让人才觉得企业和人才之间的上下级关系仅是利益交换。同时，管理者要尊重和平等对待每一位人才，让人才有足够的尊严感，以朋友的姿态与他们进行平等沟通，乐于并努力去做他们的人生导师，关注他们的工作和生活，逐步形成互帮互助、和谐团结的上下级关系，让人才真真切切地感受到组织不仅是一个工作的地方，更是一个充满关爱的大家庭和大集体，自己也会融入这个大家庭中，成为不可或缺的一员。尤其是企业管理者要加以重视新入职的新移民知识人才，对其及时给予鼓励和必要的宽容，帮助他们顺利渡过在异地工作和生活的难关。

9.1.4　提升岗位胜任素质

培训是提升人才胜任素质、匹配职业要求的重要手段。管理者应当将人才培训和学习当成是人才的福利来对待，在为新移民知识人才提供发展机会和平台的基础上，根据工作内容、技术水平和能力的要求，为人才提供高质量的胜任素质培训。管理者在完善人才培训体系的过程中，要重点做好新移民知识人才晋升期间的培训工作，为人才胜任新的岗位奠定良好的素质基础。同时，企业需要做好形式多样、内容丰富的人才培训，并能够在不同阶段为不同职位的新移民知识人才提供基于胜任素质的培训。

9.1.5　鼓励人才培养互助友谊

新移民知识人才很重视他们与移居地的团队人才是否有相似的价值观、信念和素质。如果团队中成员的合作能力不强，都以自我为中心，那么团队在合作过程中就容易产生严重分歧，影响团队的工作氛围。新移民知识人才加入新城市后，往往意味着要脱离原有的地缘、血缘和人缘关系，因此他们非常重视个体主观情感体验，而和谐的心理环境会促使他们在团队工作中配合更默契，会加倍努力且热情地工作。企业应重视优化企业社交环境，制定相应的企业规章制度，打破企业内部的小团体，在工作中多鼓励本地人才与外地人才建立友谊关系。在企业经济能力允许的范围内，应针对不同年龄和不同婚姻状态的人才，举办单身职工联谊会等内容丰富的文化娱乐活动，让人才在工作之余既可以愉悦身心，也可以增进同事间的交流有利于工作协作，从而消除新移民知识人才对陌生环境的生疏感，并增进人才对移居城市和组织的认同感和忠诚感，使得新移民知识人才不会轻易产生离开团队到其他地区寻找工作的念头。

9.2 优化人职匹配关系

9.2.1 遵循人职匹配原则

新移民知识人才个性鲜明,追求自我价值的实现。他们在选择一份工作时,更重视该岗位的工作特征,比如个人技能和才华的发挥、工作的自主权以及工作绩效的反馈等。管理者应当遵循人职匹配的工作原则,注重其个体能力、兴趣、人格特征与工作岗位的匹配,尽可能做到人职匹配,使人才的自身能力以及优势能够得到最大的发挥,让人才享受到工作的乐趣和感受到"自我实现"的满足。此外,注重企业文化对人才的教化和引导作用,加强对企业人才的监控和考评,提升"用才"的效率和质量,使企业的整体目标能够分散成人才的个人目标。完善薪酬制度,根据企业不同岗位和职位制定与之相匹配的薪酬标准,建立个性化和灵活化的薪酬体系,将工作任务落实到个人,健全任务分派和评价机制,使得人尽其能,提升企业工作效率和水准的同时,增强人才组织内部的身份认同感,实现自我价值。显然,当移居地企业的工作设计与新移民知识人才的个人需求相匹配时,有助于新移民知识人才产生高的工作满意度和降低流动倾向。

9.2.2 调适人职匹配方案

1. 规范培养和选拔程序

企业如何培养和选拔新移民知识人才,如何调动新移民知识人才的工作认同感和积极性,这都关系到企业的长远发展。企业要规范新移民知识人才的培养和选拔体系,根据新移民知识人才的特点,制定相应的任用与选拔标准,特别是基层管理者的任用与选拔,使管理者的能力与岗位相匹配,确保管理者具有科学、真实的管理能力,并形成良好的人才梯队培养和选拔循环。

2. 适时优化岗位调整

企业应根据新移民知识人才自身的性质并结合企业发展需要,进行岗位设置与安排,根据适才适岗法则,调动人才工作积极性,并适时进行适当的岗位调整,减少人才对工作的厌倦感,从而激发人才工作热情,让人才所接触的工作更加丰富,自然会更加专注地投入工作之中,提高人才幸福感和降低人才的流动率。同时,要敢于提拔人才,少论工作资历,多论工作能力,让一些素质高、组织管理能力强的和专业技术水平高的新移民知识人才进入管理层,发挥其带头作用。

9.3　增加流动牺牲成本

9.3.1　制定合理的绩效薪酬制度

企业应建立与岗位职责、工作业绩和实际贡献相匹配的绩效工资制度。企业在建立基于胜任力的薪酬绩效考核体系时，可以将技能等级与学历和工龄挂钩，注重工作产出，使得人才的薪酬体系更加多元化和弹性化。同时，企业可以考虑设立宽度薪酬模式，满足年富力强但晋升速度较慢的新移民知识人才的需要。除了传统的奖励性带薪假期等"金手铐"外，企业还可以提供基于组织工龄的休假制、个性娱乐资助、子女教育资助、停车场、职业发展与培训资助等。

9.3.2　健全职业生涯设计和设置合理的职业发展通道

1. 共同设计人才职业生涯规划

新移民知识人才选择来陌生的城市工作，绝不可能仅仅是为了追求稳定的生活，他们一般都具有较为清晰的职业目标，或在实践中积累了丰富的职业发展经验。管理者应对新移民知识人才的职业生涯发展规划有一个大致把握，根据其职业生涯发展规划的不同阶段，适时调整人才的工作内容和工作目标，让人才的工作岗位和工作内容更加契合其整个职业生涯规划，使人才与工作保持动态的平衡。只有在人才对工作的内在价值有更多体验和认同的基础上，人才才会有更强的动机投入工作，进而优化工作程序和方法，提升工作质量。同时，共同设计人才的职业生涯规划，有助于新移民知识人才不断增加对自己职业的认知，使人才以自己的兴趣爱好为导向，再结合自身的职业生涯发展规划，真正去做自己感兴趣的工作，增强职业的成就感、快乐感和幸福感。

2. 设置合理的职业发展通道

设置合理的职业发展通道可以使人才不断看到自身能力增长的前景和通过自己的努力可以达到的发展空间，只有这样，企业才能确保有才能的新移民知识人才被安排到使他们对组织的价值最大化的岗位上去，从而产生潜在调节的"螺旋向上"的效应。同时，企业应为新移民知识人才的岗位设立梯级工资晋升制度，并确保晋升渠道公开、透明，从而为人才保持岗位吸引力和职业幸福感建立长期有效的机制。

9.3.3　建造良好的工作条件、氛围和企业文化

1. 建造良好的工作条件

企业应积极建造并维持舒适健康的工作环境和先进高效的工作设施，这些优质的硬件条件将有利于新移民知识人才更快地融入新环境，也有利于人才拥有愉悦的身心，以

提高幸福感和降低流动意愿。

2. 鼓励人才参与管理决策

企业应开放平台让新移民知识人才参与到企业的各项决策中，多收集人才改善管理机制意见以增加人才对组织的满意度，为人才营造一个自由、平等、受尊重的工作氛围。

3. 加强企业文化建设

充满人文关怀精神和个人奋发进取氛围的企业，往往能强化新移民知识人才对企业的认同感和归属感。企业应构建以人为本的企业文化，注重企业精神层面的环境改善。在管理行为中，管理者要尽可能地把新移民知识人才的个人发展同企业发展结合起来，充分调动个体的能动性，通过多举办各种活动及比赛，鼓励大家积极发言、提意见，营造良好的互帮互助的企业文化氛围。同时，企业应注重工作压力管理，培养良好的工作心态，打造具有凝聚力的企业文化。优秀企业文化的打造不仅可以缩短新移民知识人才融入组织的时间，而且增强了人才对组织和移居地的黏性。

9.4　营造富有归属情感的社会氛围

9.4.1　增进社交互动，消除心理歧视

新移民知识人才在进入城市后会逐渐以血缘、地缘、业缘为关系支持的网络为依托，把原来生活环境的社会网络带入新的城市社会中，在新城市重新构建以血缘、地缘和业缘为纽带的新的社会交往网络。但实际上，在本地人眼中，由于缺乏当地的社会交往网络，新移民知识人才还是会被贴上"外地人"的标签。因此，政府、社会、企业一方面，应创造合理、公平、和谐的客观环境，让新移民知识人才有机会享受与本地居民同等的公共产品；另一方面，在社区生活、社会关系、地方文化等方面对新移民知识人才给予关注，为他们融入当地社会圈子和社会网络创造条件。

9.4.2　健全就业辅导，平等就业机会

新移民知识人才是城市经济和社会建设的重要劳动力，政府和企业不仅需要对原有的歧视性就业制度、观念和行为进行纠正，而且需要针对新移民知识人才不熟悉环境、不了解情况、不清楚政策等特殊问题采取就业辅导措施，地方就业政策和措施的设计要打破地区封锁、部门垄断等观念。同时，企业的制度制定也应打破区域差异，给所有的人才提供均等的就业和升职机会。

9.4.3　正确引导舆论，促进和谐气氛

换位思考是在一种假设情景中转变思维主体的思考方式，即多站在对方的角度思考问题，多理解对方，有利于化解人际交往的矛盾，促进人与人之间的和睦相处。要改善本地居民与外来新移民知识人才之间的关系，换位思考就显得非常重要。政府应该加强对全社会的引导，让本地居民能以外来人的角度去看待外来人口，而新移民知识人才也能以本地居民的身份来理解当地人，从而营造一个良好的人文和社会环境。

9.5　增进社会多元文化融合

9.5.1　包容不同的外来亚文化

对具有不同地区亚文化的新移民知识人才，社会和企业应采取包容态度，尊重他们的信仰、生活习惯和社会习俗，比如，可以多举办一些文化交流、文化欣赏等活动，还可以通过举办一些具有当地文化色彩的演出、讲座、书画展、摄影展等活动，以此来增加当地居民与外来新移民知识人才对彼此文化的了解和认同。

9.5.2　塑造共通性、普适性文化

1. 发挥共通性地方文化凝聚作用

尽管各个地区的文化有所差异，但是中国传统文化中的共通性文化是被各地区所遵从的。政府和企业可以适当组织人才进行当地风俗习惯的介绍、当地文化的基本认知、敏感性训练、方言的学习、跨文化沟通及冲突处理等文化培训，在加强新移民知识人才对当地的文化认知的同时，也可以减少新移民知识人才可能遇到的文化冲突，进而让迁入异地的新移民知识人才快速融入当地。

2. 发挥社区在文化融合中的平台作用

社区是新移民知识人才的重要居所，社区一方面可以塑造文明、健康、和谐的居住文化，另一方面可以为不同地域居民的文化融合搭建平台。社区可以不定期举办一些居民共同参与的文化、娱乐、学习和社交等活动，增加当地居民与新移民知识人才的接触频率，让他们在交际中促进文化的融合。

9.6 健全经济保障体系

9.6.1 提升经济收入竞争力

从新移民知识人才的角度来讲，其背井离乡大多是为了在新环境实现更好的发展，提高个人的经济诉求，让自己和家庭的生活更加宽裕。企业要注重薪酬制度的建立健全，要考虑同行业人才的平均收入水平，努力提升本企业人才的薪酬收入，工资的涨幅也应不低于同行业人才工资的涨幅。同时，企业应结合企业发展状况，制定与之相匹配的人才薪酬福利的管理制度，合理划分福利项目，让人才对自己的福利有选择的空间，满足不同人才在文化、习俗、生活方式等方面存在不同的福利需要。此外，政府还可以对引进的不同层次的新移民知识人才直接进行人才补贴。

9.6.2 优化新移民住房保障体系

1. 建立合理的住房保障系统

政府应引导社会建立替代性、多层次的住房保障制度，帮助新移民知识人才更容易在移居城市获得住所，比如适度建设廉租房、完善公租房分配办法与程序，消除经济适用房对非本地户籍知识型人才的限制，通过信贷等方式帮助低收入的年轻新移民知识人才购买商品房等。同时，政府应对经济适用房选址进行规划，可以考虑将这些经济适用房与当地居民住房比邻而建，帮助新移民知识人才更好地融入当地文化和社会关系中。

2. 促使房价回归在理性范围内

政府应深入研究房价的上涨情况，采取有效措施对房价偏高的地区进行一定程度的宏观调控，促使房价回归到理性范围内，使得新移民知识人才有机会可以购买当地的房子，在移居地尽快安居。

3. 减轻购房贷款压力

政府应对新移民知识人才进行人才分类管理，对不同层次的人才住房给予不同程度的住房支持和购房贷款优惠。同时，企业也应对在公司工作的新移民知识人才的情况进行实际调查，及时对家庭贫困的新移民知识人才给予一定数额的住房补助，以减轻住房压力。

9.7 解决幸福关切问题

9.7.1 解决子女同质教育问题

本身就拥有高学历的新知识移民人才非常重视子女的教育，流入地政府和流出地政府应该联起手来，打破条块分割格局，及时解决新移民知识人才子女上学难、学费贵等问题。政府可以通过统筹地方教育经费财政投入，给予接收新移民知识人才子女的学校财政补贴，使学校能够为新移民知识人才子女提供优质的教育机会。放宽并逐步放开新移民知识人才中的高层次人才的未成年子女可以到当地条件比较好的中小学、幼儿园入学入托的条件，而有关事业单位不得收取借读费，以解决新移民知识人才的后顾之忧。

9.7.2　解决医疗服务均等化问题

看病就医是新移民知识人才体验最重要的服务之一。迁入地应对以下几个方面加强建设，解决医疗服务问题：一是加强医疗信息平台建设，打破省际边界，通过各省平台互联互通，实现异地就医即时结算；二是实现跨省就医费用核查和结报，方便包括新移民知识人才在内的参合患者跨省异地结算医疗等各种费用；三是统一医疗保险保障体系建设，通过省际条块分割的医疗保险体系和商业合作等方式实现跨地区服务，让没有户籍、没有固定工作等问题的新移民知识人才在异地工作享受同样医疗保险的参保、投保和保险服务。

9.7.3　解决民生服务便捷化问题

政府为解决新移民知识人才在婚姻、生育、办证等各方面民生问题，需要借助信息化手段，推行流动人口信息的全面电子化。另外，政府应充分利用信息化手段，实现新移民知识人才婚育证明、档案、工作证明、房产证明等信息的互联互通，改变过去流动人口外出需要事先获得纸质证明的模式，加快推进流动人口电子健康档案转移和共享，为新移民知识人才在异地获得各种民生服务提供方便，满足新移民知识人才更加多元化、个性化的服务水平。

9.8　完善人才心理援助机制

9.8.1　树立积极良好的情绪管理榜样

企业管理者影响着企业的工作氛围和工作风气，优秀的管理者能够帮助人才不断成长，在企业中实现自己的价值。企业管理者首先要多了解新移民知识人才，尤其是要多留意性格内向不善言辞的外地人才，对他们的情绪要有一定的掌握和管理方法。作为企业的领头者，管理者自己要以身作则，要具备较强的情绪管控能力，在面对困难和挫折时要展现出积极乐观的一面去处理和应对，为企业人才树立一个良好的管理者榜样。

9.8.2　关注人才心理健康问题

新移民知识人才在迁入地工作，面临的是一个全新的环境，在工作期间他们要不断与新环境进行融合，当他们处在难以融合和成功融合之间的状态时，他们将会面临经济等各层面的社会融合而带来的压力和焦虑感。抗挫折能力强的人迎难而上，而适应能力较差的人很可能会选择逃避，新移民知识人才将会面对较高的心理疾病风险。企业应通过正式或者非正式的培训等各类活动来改善他们的心理状态，特别是内心或自信心不足的新移民知识人才，帮助他们顺利渡过困难期，提高他们在移居城市的工作和生活满意度。

9.8.3　定期了解家庭心理状况

政府和企业应制定定期的家访计划日，更多地了解新移民知识人才的家庭境况，与人才就其家庭问题进行充分沟通，并对人才面临的家庭问题给予支持，这能够有效减轻工作、生活、经济等各方面对新移民知识人才的心理压力。同时，政府和企业通过深入了解和家访，还可以让人才感受到企业对外地人才的关爱和尊重，为人才处理可能存在的工作与家庭冲突创造条件。

9.8.4　提供心理咨询和辅导

针对新迁入异地的新移民知识人才，政府和企业应当为新移民知识人才提供心理咨询方面的服务和指导，帮助人才疏导在陌生城市工作和生活中遇到的心理和行为障碍问题，组织专门的工作人员和相关机构对人才进行心理咨询和辅导，及时了解人才的心理动态和困惑等，为人才的倾诉提供平台，帮助人才掌握情绪调节和消除疑虑压力的方法，增强人才的情绪调节自我效能感。同时，政府和企业还可以开展心理培训方面的讲座，培养人才积极心态，并加强人才的自我认同感和心理归属感。

附录 1

访谈提纲

实地访谈内容在以下提纲的引导下，通过研究者和被访者以互动的方式进行：

1. 请您描述一下您的工作情况。

2. 请您谈谈这份工作对您的吸引力。

3. 请您谈谈失去这份工作对您有什么损失。

4. 请您描述一下您现在所居住城市的物价、收入和住房等情况。

5. 请您描述一下您现在所居住城市的气候、饮食习惯和生活方式等情况。

6. 请您描述一下您在这座城市的社会交往等情况。

7. 自从来了这座城市以后，您如何评价您目前的工作和生活状态的？

8. 来了这座城市后，您是如何适应这里的新工作和新生活环境的？

9. 您工作和生活中是否有过不如意？您是如何处理的？

10. 您对自己的工作有何规划？

11. 您是否计划继续这份工作？为什么？

12. 您对自己的将来有何计划？

13. 您未来是否愿意继续留在这座城市里工作和生活？为什么？

附录 2

中国新移民知识人才调查问卷

尊敬的女士/先生：

您好！非常感谢您花费宝贵的时间填写这份重要的问卷！本问卷是国家社科基金项目有关中国新移民知识人才流动机制研究的重要组成部分。本问卷调查所得数据纯属学术研究之用，答案无对错之分，请您客观作答。同时，我们将对您的回答严格保密。

再次诚挚感谢您的支持和配合！

一、基本信息

1. 您的性别：

A. 男　　　　　　　　B. 女

2. 您的年龄：

A. 25 岁及以下　　　B. 26～35 岁　　　C. 36～45 岁　　　D. 46 岁及以上

3. 您的学历：

A. 大专　　　　　　B. 本科　　　　　　C. 硕士　　　　　　D. 博士

4. 您的工作年限：

A. 1 年以内　　　B. 1～2 年　　　C. 3～5 年　　　D. 6～9 年　　　E. 10 年以上

5. 您现在工作城市是：

A. 华东地区（包括山东、江苏、安徽、浙江、福建、上海）

B. 华南地区（包括广东、广西、海南）

C. 华中地区（包括湖北、湖南、河南、江西）

D. 华北地区（包括北京、天津、河北、山西、内蒙古）

E. 其他地区

6. 您在本城市工作多少年了？

A. 1 年以内　　　B. 1～2 年　　　C. 3～5 年　　　D. 6～9 年　　　E. 10 年以上

7. 您现在工作的城市与您的出生地是同一城市吗？

A. 是　　　　　　　　B. 否

8. 您目前的婚姻状态是：

A. 未婚　　　　　B. 已婚无子女　C. 已婚有子女　D. 离婚无子女

E. 离婚有子女　　F. 其他（请说明）＿＿＿＿＿

9. 如果已婚，您爱人的工作情况？

A. 无业　　　　　B. 在外地工作　C. 在本地其他单位工作

D. 在同一单位工作　　　　E. 其他（请说明）＿＿＿＿＿

10. 您工作单位的性质是：

A. 民营/私营　　B. 自雇佣　　　C. 国有企业或政府机关等事业单位

11. 您的职业是：

A. 高层管理者　　B. 中层管理者　C. 基层主管　　D. 普通职员

E. 自雇佣　　　　F. 其他

12. 您的平均月薪是：

A. 3000 元以下　　　　　　　B. 3001 ~ 5000 元

C. 5001 ~ 7000 元　　　　　　D. 7001 ~ 9000 元

E. 9001 元以上

13. 您现在居住的房权是：

A. 无房权　　　　B. 有房权

14. 您的居住条件与本地居民相比：

A. 差了很多　　　B. 差了一点　　C. 没有差别　　D. 好了一点　　E. 好了很多

15. 您所工作城市的收入状况与您家乡相比：

A. 降低了很多　　B. 降低了一点　C. 没有变化

D. 提高了一点　　E. 提高了很多

16. 您是否熟悉本地特有的风俗习惯？

A. 完全不熟悉　　B. 几乎不熟悉　C. 熟悉一些

D. 大部分熟悉　　E. 很熟悉

17. 在日常生活中，您会按本地风俗习惯办事吗？

A. 不知道　　　　B. 从不遵守　　C. 与本地人交往时才遵守

D. 大部分遵守　　E. 完全遵守

18. 您能讲本地方言吗？

A. 不能听不能说　B. 能听一些但不能说　C. 能听但不能说

D. 能说一些　　　E. 完全能听说

19. 您觉得您在本地的社会人际交往范围属于：

A. 很不广泛　　　B. 不广泛　　　C. 一般

D. 广泛　　　　　E. 很广泛

二、请根据您的实际情况在相应的选项后面打钩（√）

您对您生活状况的同意程度如何？	非常不同意	不同意	不确定	同意	非常同意
1. 在大多数情况下我的生活接近我想过的生活	1	2	3	4	5
2. 我目前的生活条件非常好	1	2	3	4	5
3. 我对现在的生活感到满意	1	2	3	4	5
4. 至今我已经得到自己一生想得到的最重要的东西	1	2	3	4	5
5. 如果生活可以重新来过，我几乎什么都不想改变	1	2	3	4	5

在过去的几周，您感觉（请回答是或否）：		
1. 对某事特别兴奋或特别有兴致吗？	是	否
2. 坐立不安？	是	否
3. 自豪，因为有人称赞我做的某事？	是	否
4. 很孤独，或与他人关系很疏远？	是	否
5. 对完成某事而感到高兴？	是	否
6. 无聊？	是	否
7. 幸福到了极点，心满意足？	是	否
8. 沮丧，或非常不幸福？	是	否
9. 事情按照您想象的发展？	是	否
10. 烦躁，因为有人批评了你？	是	否

对于您现在的工作单位，您对下列说法的赞同程度如何？	非常不同意	不同意	不确定	同意	非常同意
1. 我觉得自己依附于这个单位	1	2	3	4	5
2. 离开这个单位对我来说很困难	1	2	3	4	5
3. 我被这个单位吸引，以致不能离开	1	2	3	4	5
4. 我对这个单位感到厌倦	1	2	3	4	5
5. 我不能轻率地离开我所工作的单位	1	2	3	4	5
6. 离开这个单位对我来说很容易	1	2	3	4	5
7. 我与这个单位紧密相连	1	2	3	4	5

您对下列说法的赞同程度如何？	非常不同意	不同意	不确定	同意	非常同意
1. 您认为自己在所工作城市属于本地人而不是外地人	1	2	3	4	5
2. 我喜欢现在工作的城市，我把自己看作这个城市中的一员	1	2	3	4	5
3. 在我现在所工作的城市，我愿意与本地人做同事或朋友	1	2	3	4	5

续表

您对下列说法的赞同程度如何？	非常不同意	不同意	不确定	同意	非常同意
4. 在我现在所工作的城市，我愿意本地人做我（或我子女）的配偶	1	2	3	4	5

根据您的实际情况做出相应的选择	非常不符合	不符合	不确定	符合	非常符合
1. 我基本没想过离开现在的单位	1	2	3	4	5
2. 在未来的一年时间里，我很可能会离开现在的单位	1	2	3	4	5
3. 我非常想离开这个单位	1	2	3	4	5
4. 我计划在这家单位作长期的职业发展	1	2	3	4	5

您对下列说法的赞同程度如何？					
1. 我很可能会去其他城市寻找发展机会	非常同意	同意	不确定	不同意	非常不同意
2. 在未来的一年里，我很可能会去异地另谋高就	非常同意	同意	不确定	不同意	非常不同意
3. 我常会想辞去目前的单位去其他城市寻找工作	非常同意	同意	不确定	不同意	非常不同意

结合自己的实际情况对下列情绪生活的相关描述做出选择	能力很差	能力较差	能力一般	能力较强	能力很强
1. 当您孤独时，您避免产生沮丧情绪	1	2	3	4	5
2. 当您受到严厉批评时，您避免产生气馁情绪	1	2	3	4	5
3. 当您面对困难时，您使自己摆脱挫折感	1	2	3	4	5
4. 当别人总是让您难堪时，您避免自己恼怒	1	2	3	4	5
5. 当遇到不公平的对待时，您从愤怒的情绪中迅速恢复	1	2	3	4	5
6. 当您生气时，您避免自己大发雷霆	1	2	3	4	5

再次感谢您的支持和耐心填写，谢谢！

参考文献

中文文献

[1] 常亚平，杨祖力，郑宇．竞争性企业职工离职意向与工作绩效的关系机制研究 [J]．武汉科技学院学报，2008，21（8）：113-117.

[2] 陈璧辉，李庆．离职问题研究综述 [J]．心理学动态，1998，6（1）：26-31.

[3] 陈敏，时勘．工作满意度评价及其在企业诊断中的应用 [J]．中外管理导报，2001（10）：56-59.

[4] 陈仕华，李维安．公司治理的社会嵌入性：理论框架及嵌入机制 [J]．中国工业经济，2011（6）：99-108.

[5] 陈婉梅，田建春．国内人才流动的研究综述 [J]．商业现代化，2010（633）：221-223.

[6] 陈云川，雷轶．新生代农民工组织嵌入、职业嵌入与工作绩效研究 [J]．当代财经，2014，35（11）：79-91.

[7] 陈志霞．知识人才组织支持感对工作绩效和离职倾向的影响 [D]．武汉：华中科技大学，2006.

[8] 程文文，吴君民，葛世伦．劳动力市场维度与人才离职 [J]．华东船舶工业学院学报，1999（1）：59-63.

[9] 崔传义．"农村剩余劳动力转移与劳动力市场"课题组．28个县（市）农村劳动力跨区域流动的调查研究 [J]．中国农村经济，1995（4）：19-28.

[10] 单红梅，胡恩华，鲍静静，张毛龙．非国有企业人才组织地位感知水平对离职倾向的影响 [J]．管理学报，2015，12（8）：1144-1153.

[11] 党永光．企业人才组织公平、组织认同与工作满意度的关系研究 [D]．开封：河南大学，2011.

[12] 丁森林，刘培琪．知识型人才情绪智力与工作嵌入关系研究 [J]．领导科学，2017（17）：46-49.

[13] 窦凯，聂衍刚，王玉洁，等．青少年情绪调节自我效能感与主观幸福感：情绪调节方式的中介作用 [J]．心理科学，2013（1）：139-144.

[14] 杜旻．我国流动人口的变化趋势、社会融合及其管理体制创新 [J]．公共管理，2013（8）：147-156.

［15］杜鹏程，李敏，倪清，吴婷．差错反感文化对人才创新行为的影响机制研究
［J］．管理学报，2015，12（4）：538.

［16］杜鹏程，朱庆，仰海锐，王成城．领导—成员交换关系对关联绩效的影响研
究——基于工作嵌入的中介效应分析［J］．经济与管理，2013（7）：80－85.

［17］段建华．幸福感概述［J］．心理学动态，1996，14（1）：46－51.

［18］范红伟．组织情绪规则认知对情绪耗竭的影响［D］．上海：华东理工大学，2013.

［19］范剑勇，王立军，沈林洁．产业集聚与农村劳动力的跨区域流动［J］．管理
世界，2004（4）：22－29.

［20］方红斌．探析企业人才流失现状及对策［J］．管理观察，2015（8）：79－82.

［21］风笑天．"落地生根"？——三峡农村移民的社会适应［J］．社会学研究，
2004（5）：19－27.

［22］冯伯麟．教师工作满意度及其影响因素研究［J］．教育研究，1996（2）：42－49.

［23］符益群，凌文辁，方俐洛．企业职工离职意向的影响因素［J］．中国劳动，
2002（7）：23－25.

［24］傅剑波．大型商业银行组织职业生涯管理对人才离职倾向的影响研究：以员
工职业成长为中介变量［D］．上海：西南财经大学，2013.

［25］甘甜，罗跃嘉，张志杰．情绪对时间知觉的影响［J］．心理科学，2009，32
（4）：836－839.

［26］高汉，等．医生的心理资本与感情承诺的关系：工作嵌入的中介效应［J］．
中国卫生统计，2012，29（4）：567－568.

［27］高珊，刘勇，工作嵌入概述［D］．广州：华南师范大学，2008.

［28］高炎．员工—组织关系与人才绩效的关系——工作嵌入的中介作用研究［J］．
科技情报开发与经济，2009，19（33）：181－183.

［29］顾清．市场经济中员工的自我效能感与离职［J］．西南交通大学学报（社会
科学版），2006，7（1）：132－134.

［30］郭庆．农民工的社会信任与城市融合研究［D］．上海：华东师范大
学，2013.

［31］郭书田．农村劳动力跨区域流动的分析［J］．科技导报，1995（4）：54－56.

［32］韩翼，刘竞哲．个人—组织匹配、组织支持感与离职倾向——工作满意度的
中介作用［J］．经济管理，2009（2）：84－91.

［33］何勃夫，孙涛，柳晓琳，高汉，李策，曹秋茹．基于结构方程模型的工作生
活质量与离职倾向关系的整合模型构建［J］．中国卫生统计，2011，28（2）：
168－170.

［34］何勃夫，等．基于结构方程模型的工作生活质量与离职倾向关系的整合模型

构建［J］．中国卫生统计，2011，28（2）：168 – 170．

［35］侯胜朋．欠发达地区知识型人才工作嵌入与区域流动倾向关系研究 ——以兰州市为例［D］．兰州：西北师范大学，2015．

［36］侯杰泰，温忠麟，成子娟，结构方程模型及其应用［M］．北京：教育出版社，2004．

［37］黄晨熹．城市外来人口居留意愿的影响因素研究：以苏州市为例［J］．西北人口，2011（6）：23 – 30．

［38］黄春生．工作满意度、组织承诺与离职倾向相关研究［D］．厦门：厦门大学，2004．

［39］黄芳铭，结构方程模式：理论与应用［M］．北京：中国税务出版社，2005．

［40］黄匡时，嘎日达．"农民工城市融合度"评价指标体系研究——对欧盟社会融合指标和移民整合指数的借鉴［J］．西部论坛，2010（5）：27 – 36．

［41］黄丽．知识型人才工作嵌入型及其相关因素的关系研究［D］．广州：暨南大学，2009．

［42］黄培伦，田在兰．人才离职意向影响因素述评［J］．科技管理研究，2006（5）：153 – 155．

［43］黄时华，蔡枫霞，刘佩玲，等．初中生亲子关系和学校适应：情绪调节自我效能感的中介作用［J］．中国临床心理学杂志，2015（1）：171 – 173．

［44］黄小谷．新生代知识型人才心理资本对离职倾向的影响研究［D］．长沙：中南大学，2013．

［45］黄雪坷．人才情绪调节自我效能感对工作场所排斥的影响［J］．佳木斯教育学院学报，2014（6）：496．

［46］黄英忠．人力资源管理［M］．台北：三民书局，1997．

［47］杰克逊，斯科特．工作融合了孩子吗？关于家庭收入、时间和压力劳动力市场的效果［R］．多伦多：莱德劳基金．

［48］景志铮，郭虹．城市新移民的社区融入与社会排斥——成都市社区个案研究［J］．西北人口，2007（2）：33 – 36．

［49］孔凡晶．民营科技企业人才组织公平对工作绩效与离职倾向影响研究［D］．长春：吉林大学，2009．

［50］郎艳．关于我国人才流动的内外部影响因素分析［D］．北京：中国人民大学，2004．

［51］黎春燕，李伟铭．工作嵌入模式与知识型雇员保持的实证研究——经济欠发达地区的证据［J］．科技管理研究．2013，33（5）：240 – 245．

［52］黎春燕，李伟铭．组织嵌入对新移民知识人才跨区域流动意愿影响研究［J］．

科技进步与对策，2013，30（6）：33 – 38.

[53] 李博为，宋联可. 离职意向的态度因素综述 [J]. 现代管理科学，2007（5）：113 – 114.

[54] 李彩娜，张倩倩，焦思，等. 中学生害羞与情绪调节自我效能——内隐害羞观的调节效应 [J]. 中国特殊教育，2015（3）：79 – 84.

[55] 李从欣，张再生. 新入职人才职业成熟度对离职倾向的影响 [J]. 江汉学术，2015，3（34）：85 – 90.

[56] 李景治，熊光清. 中国城市中农民工群体的社会排斥问题 [J]. 江苏行政学院学报，2006（6）：61 – 66.

[57] 李凌. 两种取向的自我效能感评估概述 [J]. 心理科学，2001（5）：618 – 619.

[58] 李明欢. 20 世纪西方国际移民理论 [J]. 厦门大学学报（哲学社会科学版），2000（4）：12 – 18.

[59] 李纳. 工作嵌入对人才离职倾向的中介效应研究 [D]. 杭州：杭州电子科技大学，2011.

[60] 李琼. 情绪调节自我效能感问卷编制及其作用机制 [D]. 重庆：西南大学，2011.

[61] 李树茁，任义科，靳小怡，费尔德曼. 中国农民工的社会融合及其影响因素研究——基于社会支持网络的分析 [J]. 人口与经济，2008（2）：1 – 8.

[62] 李伟梁. 论少数民族流动人口的城市融入 [J]. 黑龙江民族丛刊，2010（2）：35 – 40.

[63] 李燚，魏峰. 组织心理契约违背对管理者行为的影响：满意度为中介变量 [J]. 管理评论，2007，19（9）：35 – 41.

[64] 李永周，黄薇，刘旸. 高新技术企业研发人人才作嵌入对创新绩效的影响——以创新能力为中介变量 [J]. 科学学与科学技术管理，2014（3）：135 – 143.

[65] 李玉香，刘军. 人才环境感知对研发人才工作绩效、工作嵌入的影响研究——以深圳 227 家高新技术企业为例 [J]. 软科学，2009（8）：110 – 114.

[66] 李召敏，赵曙明. 劳资关系氛围五维度对人才心理安全和工作嵌入的影响——基于中国广东和山东两地民营企业的实证研究 [J]. 管理评论，2017（4）：108 – 121.

[67] 李振刚. 社会融合视角下的新生代农民工居留意愿研究 [J]. 社会发展研究，2014（3）：100 – 117.

[68] 廉思. 调查：当前城市新移民的社会融入境况 [D]. 北京：对外经济贸易大学，2013.

[69] 梁波，王海英. 国外移民社会融入研究综述 [J]. 甘肃行政学院学报，2010（2）：18 – 27.

[70] 梁小威. 基于工作嵌入模式组织人才保持性因素研究 [D]. 武汉：华中科技

大学，2005.

［71］廖泉文，胡孝德．加强职业培训的再思考［J］．福建论坛（经济社会出版），2003（6）：73－75.

［72］林珠梅．情绪状态对大学生条件推理的影响［J］．心理学探新，2011，31（3）：219－222.

［73］凌文栓．影响组织承诺的因素探讨［J］．心理学报，2001（3）：259－263.

［74］刘芳震，谭宇．民族地区城市流动人口文化差异与社会融合问题研究——以湖北省恩施州为例［J］．湖北民族学院学报（哲学社会科学版），2015（4）：41－44.

［75］刘海龙．情绪调节自我效能感、认知情绪调节方式对护士职业倦怠的影响及干预研究［D］．山东：山东中医药大学，2016（5）：72.

［76］刘锦涛，周爱保．心理资本对农村幼儿教师工作投入的影响：情绪调节自我效能感的中介作用［J］．中国临床心理学杂志，2014，24（6）：1069－1073.

［77］国家工商总局：全国日均新设企业1.66万户创业创新热潮高涨［J］．中国对外贸易，2018（2）：17.

［78］刘佩玲，黄时华，梁尚清．聋哑生的情绪调节自我效能感及应对方式［J］．中国心理卫生杂志，2013（1）：64－68.

［79］刘蓉，薛声家．中高端人才工作嵌入的结构模型研究［J］．现代管理科学，2011（2）：29－31.

［80］刘蓉，薛声家．中高端人才工作嵌入对个体与组织影响的实证研究［J］．科技管理研究，2013（15）：166－170.

［81］刘文彬，林志扬，李贵卿．组织内社会网络对个体工作绩效的影响机理［J］．经济管理，2013，35（2）：69－81.

［82］刘于琪．中国城市新移民的定居意愿及其影响机制［J］．地理科学，2014，第34卷（第7期）：780－788.

［83］刘宇辉，叶茂林，等.2017年北京地区高校毕业生就业质量年度报告［R］．北京市教育委员会，2017.

［84］卢家楣，贺雯，刘伟，卢盛华．焦虑对学生创造性的影响［J］．心理学报，2005（6）：85－90.

［85］卢家楣．情感教学心理学［M］．上海：上海教育出版社，2000.

［86］卢小君，王丽丽，赵东霞．流动人口的社会融合对其居留意愿的影响分析［J］．大连理工大学学报（社会科学版），2012，33（4）：32－37.

［87］陆昌勤，凌文辁，方俐洛．管理自我效能感与一般自我效能感的关系［J］．心理学报，2004（5）：586－592.

［88］陆淑珍．城市外来人口社会融合研究——基于珠江三角洲地区的分析［D］．

广州：中山大学，2012.

[89] 陆玉梅，高鹏，刘素霞．民营企业社会责任投入与人才离职行为博弈分析 [J]．企业经济，2015（2）：75－80.

[90] 陆玉梅，高鹏，刘素霞．企业风险规避下的人才激励模型与协调机制 [J]．统计与决策，2015（23）：177－180.

[91] 罗力．知识型人才工作压力、工作幸福感与离职倾向的关系研究 [D]．武汉：武汉理工大学，2010.

[92] 马德峰，李风啸．近十年来我国城市新移民问题研究述评 [J]．学术界，2010（11）：220－226

[93] 马丽，刘霞，于晓敏．工作—家庭促进与留职意愿的关系：工作嵌入的视角 [J]．中国人力资源开发，2014（13）：65－71.

[94] 马致远，汉宫秋，我国元曲四大悲剧之一．

[95] 买忆媛，周嵩安，梅琳．工作嵌入对科技型人才流动创业活动的影响 [J]．南开管理评论，2009（2）：67－74.

[96] 孟令熙．高新技术企业研发人才流动研究 [D]．上海：东华大学，2011.

[97] 孟昭兰．普通心理学 [M]．北京：北京大学出版社，2003.

[98] 米歇尔·弗伊：《社会生物学》[J]．社会科学文献出版社 1988：99.

[99] 潘超超，王玲凤，陈焘，等．大学生的情绪调节自我效能感及其网络成瘾 [J]．现代预防医学，2013（18）：3445－3447.

[100] 彭邓华．我国高校本科毕业生就业区域流动影响因素的实证研究——基于区域人才吸引力的研究视角 [D]．成都：西南财经大学，2009.

[101] 钱士茹，徐自强，赵斌斌．新生代人才心理契约和离职倾向的关系研究 [J]．当代青年研究，2015（2）：81－87.

[102] 秦伟平，杨东涛．人才双重身份与工作嵌入的调节性中介效应机制研究 [J]．软科学，2012（8）：93－97.

[103] 秦伟平，赵曙明．多重认同视角下的新生代农民工组织公平感与工作嵌入关系研究 [J]．管理学报，2014（10）：1445－1452.

[104] 秦伟平．新生代农民工工作嵌入：双重身份的作用机制 [D]．南京：南京大学，2010.

[105] 秦志华，蒋诚潇，杨俊．组织中成人才嵌入的前因变量研究 [J]．商业经济与管理，2013（12）：64－73.

[106] 青平，施丹，聂坪．工作嵌入对大学生"村官"离职意愿研究——以工作价值观为调节变量 [J]．农业技术经济，2012（4）：14－23.

[107] 全球化智库（CCG），智联招聘．2017 中国海归就业创业调查报告

[R]．2017.

[108] 人力资源社会保障部．人力资源社会保障部关于做好 2015 年全国高校毕业生就业创业工作的通知 [R]．2015.

[109] 人力资源社会保障部．人力资源社会保障部关于做好 2016 年全国高校毕业生就业创业工作的通知 [R]．2016.

[110] 人力资源社会保障部．人力资源社会保障部关于做好 2017 年全国高校毕业生就业创业工作的通知 [R]．2017.

[111] 人力资源社会保障部．人力资源社会保障部关于做好 2018 年全国高校毕业生就业创业工作的通知 [R]．2018.

[112] 任远，邬民乐．城市流动人口的社会融合：文献述评 [J]．人口研究，2006（3）：87 – 94.

[113] 申红艳，张金枝．和谐雇佣关系下的心理契约、群体凝聚力与绩效研究 [J]．热点分析理论，2009（1）：144 – 146.

[114] 沈凌．知识人才离职倾向的多维影响因素分析 [J]．人力资源管理，2008（7）：114.

[115] 施银磊．IT 企业技术类人才工作满意度与离职倾向关系实证研究 [D]．长春：吉林大学，2007.

[116] 石智雷，朱明宝．农民工的就业稳定性与社会融合分析 [J]．中南财经政法大学学报，2014（3）：49 – 59.

[117] 舒菲．工作嵌入模型对人才离职意向的预测效力研究 [D]．南京：南京师范大学，2008.

[118] 苏晓艳．组织社会化策略、工作嵌入及新人才离职意向研究 [J]．软科学，2014，28（5）：48 – 52.

[119] 孙涛，等．乡村医生职业认同、工作投入、工作嵌入和转行意愿关系研究 [J]．中国农村卫生事业管理，2013，33（11）：1218 – 1211.

[120] 孙跃．产业集群知识人才离职风险感知对离职意愿影响研究 [D]．武汉：华中科技大学，2009.

[121] 汤冬玲，董妍，俞国良，等．情绪调节自我效能感：一个新的研究主题 [J]．心理科学进展，2010（4）：598 – 604.

[122] 汤涛．基于真诚领导行为感知情境下的人才工作绩效关系研究 [J]．统计与决策，2013（24）：188 – 190.

[123] 田学英，卢家楣．外倾个体何以有更多正性情绪体验：情绪调节自我效能感的中介作用 [J]．心理科学，2012（3）：631 – 635.

[124] 田学英．情绪调节自我效能感：结构、作用机制及影响因素 [D]．上海：

上海师范大学，2012.

［125］童星，马西恒．"敦睦他者"与"化整为零"——城市新移民的社区融合
［J］．社会科学研究，2008（1）：77－83.

［126］万崇华，等．幸福感研究现状与展望［J］．郑州大学学报（医学版），2012
（2）：141－144.

［127］王帮俊，杨东涛．新生代农民工组织认同、工作嵌入及其对工作绩效影响的
实证研究［J］．软科学，2014，28（1）：106－109.

［128］王德才，李琼慧．企业一线核心人才雇佣保障与工作态度关系——基于工作
嵌入视角的理论构建与实证［J］．西南政法大学学报，2016（6）：95－102.

［129］王端旭，单建伟．诱引与科技人才工作绩效关系研究——工作嵌入为中介变
量［J］．科学学研究，2010（8）：1248－1253.

［130］王桂新，武俊奎．城市农民工与本地居民社会距离影响因素分析——以上海
为例［J］．社会学研究，2011（2）：28－47.

［131］王浩，白卫东．工作嵌入对人才离职倾向的影响研究［J］．科技进步与对
策，2009（11）：145－147.

［132］王辉耀，苗绿，国际人才蓝皮书：中国留学发展报告（2017）［M］．成都：
社会科学文献出版社，2017：1－15.

［133］王佳慧，刘爱书．儿童期虐待对大学生情绪调节自我效能感的影响［J］．心
理科学，2014（4）：888－893.

［134］王莉，石金涛．组织嵌入及其对人才工作行为影响的实证研究［J］．管理工
程学报，2007，21（3）：14－18.

［135］王林，邓沙．新生代农民工离职倾向机制研究：工作嵌入的视角［J］．农村
经济，2017（1）：118－123.

［136］王朋岗．社会融合视角下新疆跨省流动人口长期居留意愿研究——新疆、北
京和广东的比较研究［J］．人口与发展，2015（2）：66－71.

［137］王树乔，王惠，李小聪．情绪智力与高校科研团队创新绩效：工作嵌入的中
介作用［J］．黑龙江高教研究，2017（4）：109－114.

［138］王宴庆，赵鑫．正念对考试焦虑的影响：情绪调节自我效能感的中介作用
［J］．中国临床心理学杂志，2015（4）：746－749.

［139］王毅杰．流动农民留城定居意愿影响因素分析［J］．江苏社会科学，2005
（5）：26－32.

［140］王勇，陈万明．真诚领导感知、心理资本与工作嵌入关系研究［J］．华东经
济管理，2013（5）：123－127.

［141］魏洪娟，罗庆东，张淑娥，时宇，谢奉哲，王硕，樊超，赵岩，孙涛．全科

医生组织主人翁行为与职业满意度的关系及工作嵌入的中介效应研究 ［J］. 中国全科医学，2017（13）：1539－1542.

［142］魏万青. 户籍制度改革对流动人口收入的影响研究 ［J］. 社会学研究，2012，27（1）：152－173.

［143］文书锋，汤冬玲，俞国良. 情绪调节自我效能感的应用研究 ［J］. 心理科学，2009，32（3）：666－668.

［144］吴贵明，钟洪亮. 雇员职业幸福感起源、影响因素与促进机制研究 ［J］. 东南学术，2015（3）：107－115.

［145］吴明隆.SPSS 统计应用实务：问卷分析与应用统计 ［M］. 北京：科学出版社，2003.

［146］向征，李志. 重庆市青年人才离职因素调查 ［J］. 青年研究，2003（6）：43.

［147］肖杨. 基于工作嵌入理论的"80 后"知识型人才离职倾向影响因素的实证研究 ［J］. 福建论坛，2015，35（3）：147－153.

［148］谢智红. 民营企业人才组织承诺及其与离职意向的相关研究 ［D］. 重庆：西南大学，2007.

［149］邢文会. 郑州市流动人口的社会融入现状及对策 ［J］. 河南教育学院学报（哲学社会科学版），2014（2）：106－109.

［150］熊明良. 工作满意度、组织认同与离职倾向关系实证研究 ［J］. 商业经济管理，2008（6）：34－40.

［151］徐尚昆. 工作嵌入性与人才自动离职研究进展探析 ［J］. 外国经济与管理，2007，29（1）：59－64.

［152］许惠兰. 老年人生活满意度及其影响因素研究 ［J］. 中国心理卫生杂志，1994，8（4）：160－162.

［153］许淑莲，吴志平，吴振云等. 成年人心理幸福感的年龄差异研究 ［J］. 中国心理卫生杂志，2003，17（3）：167－171.

［154］杨昌顺. 企业技术型人才的离职原因和管理对策研究——以心理契约为视角 ［J］. 领导科学，2015（2）：54－56.

［155］杨春江，逯野，杨勇. 组织公平与人才主动离职行为：工作嵌入与公平敏感性的作用 ［J］. 管理工程学报，2014，28（1）：16－25.

［156］杨廷钫，凌文辁. 新生代农民工工作嵌入测量量表构建——社区嵌入的调节作用 ［J］. 人口与经济，2013（4）：21－29.

［157］于春杰. 职业使命对离职倾向和人才敬业度的影响机制研究 ［D］. 北京：中国地质大学，2014.

［158］杨菊华. 从隔离、选择融入到融合：流动人口社会融入问题的理论思考

[J]．人口研究，2009（1）：17 – 29.

[159] 余鹏．大学生归因方式、自我效能感与主观幸福感的关系研究 [J]．中国临床心理学杂志，2005（13）：43 – 44.

[160] 余翊．个体和组织因素对人才离职倾向的影响 [D]．武汉：华中科技大学，2006.

[161] 袁庆宏，陈文春．工作嵌入的概念、测量及相关变量 [J]．心理科学进展，2008（6）：941 – 946.

[162] 悦中山，杜海峰，李树茁，等．当代西方社会融合研究的概念、理论及应用 [J]．公共管理学报，2009（2）：114 – 121.

[163] 悦中山，李卫东，李艳．农民工的社会融合与社会管理 [J]．公共管理学报，2012，9（4）：111 – 128.

[164] 悦中山．农民工的社会融合研究：现状、影响因素与后果 [D]．西安：西安交通大学，2011.

[165] 詹启生，李丹．青少年情绪调节自我效能在家庭和谐与心理韧性间的中介作用 [J]．中国心理卫生杂志，2017（7）：554 – 556.

[166] 张和云，赵欢欢，周治金，杨文娇．情绪对直觉判断的影响 [J]．心理研究，2011，4（6）：44 – 49.

[167] 张黎莉，徐一萍．民营企业人才工作满意度和离职意向研究 [J]．经济论坛，2005（19）：82 – 83.

[168] 张莉，林与川，张林．工作不安全感与情绪耗竭：情绪劳动的中介作用 [J]．管理科学，2013（3）：1 – 8.

[169] 张勉，李树茁．人口变量、工作满意度和流失意图的关系实证研究 [J]．统计研究，2001（10）：51 – 56.

[170] 张鹏，郝宇彪，陈卫民．幸福感、社会融合对户籍迁入城市意愿的影响——基于2011 年四省市外来人口微观调查数据的经验分析 [J]．经济评论，2014（1）：58 – 69.

[171] 张萍，汪海彬．大学生情绪调节自我效能感在神经质、外倾性和主观幸福感间的中介作用 [J]．中国心理卫生杂志，2015（2）：139 – 144.

[172] 张萍，张敏，卢家楣．情绪调节自我效能感量表在中国大学生中的试用结果分析 [J]．中国临床心理学杂志，2010，18（5）：568 – 570.

[173] 张冉．残疾人组织公平、工作嵌入与工作绩效：一个典型职场弱势群体的实证 [J]．中央财经大学学报，2015（2）：98 – 105.

[174] 张文宏，雷开春．城市新移民社会融合的结构、现状与影响因素分析 [J]．社会学研究，2008（5）：117 – 245.

[175] 张正堂，赵曙明．欠发达地区企业知识人才异地离职动因的实证研究：以苏

北地区为例 [J]. 管理世界, 2007.

[176] 张正堂. 欠发达地区企业知识人才异地离职动因的实证研究: 以苏北地区为例 [J]. 管理世界, 2007 (8): 95 - 115.

[177] 赵波, 徐眈. 江苏快递企业人才组织支持感、工作嵌入与工作绩效的相关性研究 [J]. 江苏社会科学, 2015 (3): 266 - 272.

[178] 赵琛徽, 杨阳阳. 劳务派遣人才身份感知对工作嵌入的影响——基于双情感承诺视角 [J]. 经济管理, 2015 (6): 66 - 74.

[179] 赵丽华, 张再生. 高校毕业生心理资本、工作嵌入与离职倾向关系的实证研究 [J]. 统计与决策, 2011 (10): 92 - 95.

[180] 赵丽华. 职业适应期高校毕业生就业稳定性研究——基于心理资本视角 [D]. 天津: 天津大学, 2011.

[181] 赵西萍, 刘玲, 张长征. 人才离职倾向影响因素的多变量分析 [J]. 中国软科学, 2003 (3): 71 - 74.

[182] 赵鑫, 冯正宁, 尚鹏飞, 等. 羞怯对青少年情绪调节策略使用频率的影响: 情绪调节自我效能感的中介作用 [J]. 中国临床心理学杂志, 2016 (4): 717 - 720.

[183] 钟柳. 教师情绪调节自我效能感对工作满意度的作用机制 [J]. 黑龙江生态工程职业学院学报, 2016 (11): 80 - 81.

[184] 周皓. 流动人口社会融合的测量及理论思考 [J]. 人口研究, 2012 (3): 27 - 37.

[185] 朱春蕊. 北京 IT 企业人才离职影响因素及对策研究 [D]. 唐山: 河北联合大学, 2014.

[186] 朱力. 从流动人口的精神文化生活看城市适应 [J]. 江海大学学报, 2005 (3): 30 - 35.

[187] 朱力. 论农民工阶层的城市适应 [J]. 江海学刊, 2002 (6): 82 - 88.

[188] 海外人才回流会给中国带来什么影响? [N]. 加拿大中文报, 2017 - 10 - 15.

[189] 教育部. 出国留学人数首次突破 60 万人高层次人才回流趋势明显 [R]. 2018 - 3 - 30.

[190] 智联招聘. 2018 应届毕业生就业力调研报告 [R]. 2018.

[191] 智联招聘. 2017 年春季人才流动分析报告 [R]. 职业, 2017.

[192] 智研咨询. 2018 - 2024 年中国创业服务市场专项调研及未来前景预测报告 [R]. 2017.

[193] 国家统计局. 中国 2010 年人口普查资料 [R]. 中国统计出版社, 2010.

[194] 国家卫生计生委流动人口司. 中国流动人口发展报告 2015 [R]. 中国人口出版社, 2015.

外文文献

〔1〕 Abelson M A. Examination of Avoidable and Unavoidable Turnover〔J〕. *Journal of Applied Psychology.* 1987, 72（3）382 – 386.

〔2〕 Adams J S. Inequity In Social Exchange〔J〕. *Advances in Experimental Social Psychology*, 1965: 267 – 299.

〔3〕 Alba R. Bright vs. Blurred Boundaries: Second-generation Assimilation and Exclusion in France, Germany, and the United States〔J〕. *Ethnic and Racial Studies*, 2005, 28（1）: 20 – 49.

〔4〕 Alesina A, Di Tella R, MacCulloch R. Inequality and Happiness: Are Europeans and Americans Different?〔J〕. *Journal of Public Economics*, 2004, 88: 2009 – 2042.

〔5〕 Allen D G. Do Organizational Socialization Tactics Influence Newcomer Embeddedness and Turnover?〔J〕. *Journal of Managenent*, 2006, 32（02）: 237 – 256.

〔6〕 Allen D G, Griffith R W. Test of a Mediating Performance – Turnover Relationship Highlighting the Moderating Roles of Visibility and Reward Contingency〔J〕. *Journal of Applied Psychology*, 2001, 86（5）: 1014 – 1021.

〔7〕 Andersson V, Forsgren M, Holm V. The Strategic Impact of External Networks: Subsidiary Performance and Competence Development in the Multinational Corporation〔J〕. *Strategic Management Journal*, 2002, 23（11）: 979 – 996.

〔8〕 Andrew F M, Withey S B. *Economic Means for Human Needs: Social Indicators of Well-Being and Discontent*〔M〕. New York: Plenum Press, 1976: 157 – 169.

〔9〕 Aquino K, Griffith R W, Allen D G, et al. Interating Justice Constructs into the Turnover Processt a Test of a Referent Cognitions Tmoddl〔J〕. *Academy of Management Journal*, 1997, 40（5）: 1208 – 1228.

〔10〕 Argyris C. Understanding Organizational Behavior〔J〕. *American Journal of Sociology*, 1960, 26（1）: 457 – 458.

〔11〕 Arnold H J, Feldman D C. A Multivariate Analysis of the Determinants of Job Turnover〔J〕. *Journal of Applied Psychology*, 1982, 67（3）: 350 – 360.

〔12〕 Arthur M B. The Boundaryless Career: A New Perspective for Organizational Inquiry〔J〕. *Journal of Organizational Behavior*, 1994, 15（4）: 295 – 306.

〔13〕 Aryee S, Leong C C. Career Orientations and Work Outcomes Among Industrial R&D Professionals〔J〕. *Group & Organization Management*, 1991, 16（2）: 193 – 205.

〔14〕 Babdura A. The Explanatory and Predictive Scope of Self-Efficacy Theory〔J〕.

Journal of Social and Clinical Psychology, 1986 (4): 359 – 373.

[15] Bambacas M, Kulik T C. Job Embeddedness in China: How HR Practices Impact Turnover Intentions [J]. *The International Journal of Human Resource Management*, 2013, 24 (10): 1933 – 1952.

[16] Bandura A, Barbaranelli C, Caprara G V, Pastorelli C. Self-efficacy Beliefs as Shapers of Children's Aspirations and Career Trajectories [J]. *Child development*. 2001, 72 (1): 187 – 206.

[17] Bandura A, Pastorelli C, Barbaranelli C, et al. Self-efficacy Pathways to Childhood Depression [J]. *Journal of Personality and Social Psychology*, 1999, 76 (2): 258 – 269.

[18] Bandura A. Self-Efficacy: The Exercise of Control [J]. *New York*, 1997 (23): 133 – 134.

[19] Bandura A. Self-efficacy: Toward a Unifying Theory of Behavioral Change [J]. *Psychological Review*, 1977, 84 (2), 191 – 215.

[20] Bandura A. Self-efficacy Mechanism in Human Agency [J]. *American Psychologist*, 1982, 32: 122 – 147.

[21] Bandura A, Pastorelli C, Barbaranelli C, et al. Self-efficacy Pathways to Childhood Depression [J]. *Journal of Personality and Social Psychology*, 1999, 76 (2): 258 – 269.

[22] Bandura A, Caprara G V, Barbatanelli C, et al. *Role of Affective Self-regulatory Efficacy on Diverse Spheres of Psychosoical Functioning* [M]. Child Development, 2003 (74): 769 – 782.

[23] Bateman T S, Organ D W. Job Satisfaction and the Good Soldier: The Relationship Between Affect and Employee "Citizenship" [J]. *Academy of Management Journal*, 1983, 26 (4): 587 – 595.

[24] Becker H S. Notes on the Concept of Commitment [J]. *American Journal of Sociology*. 1960, 66 (1): 32 – 40.

[25] Bergiel E B, Nguyen V Q, Clenney B F, et al. Hunan Resource Practices, Job Embeddedness and Intention to Quit [J]. Management Research News, 2009, 32 (3): 205.

[26] Blau P M. Justice in Social Exchange [J]. *Sociological Inquiry*. 1964, 34 (2): 193 – 206.

[27] Bluedorn A C. A Unified Model of Turnover from Organizations [J]. *Human Relations*, 1982, (1): 135 – 153.

[28] Bmuistein J C, Schultheiss, O C, Grassmann R. Personal Goals and Emotional Well-being: The Moderating Role of Motive Dispositions [J]. *Journal of Personality and Social Psychology*, 1998 (75): 494 – 508.

［29］ Bogardus E S. Measuring Social Distance ［J］. *Journal of Applied Sociology*, 1925.

［30］ Bollen K A, Hoyle R H. Perceived cohesion: A Conceptual and Empirical Examination ［J］. *Social Forces*, 1990.

［31］ Boudreau J W, Berger C J. Decision-Theoretic Utility Analysis Applied to Empolyee Separations and Acquisitions ［J］. *Journal of Applied Psychology*, 1985 (70): 581 –612.

［32］ Burton J P, Holtom B C, Sablynski C J, let al. , The Buffering Effects of Job Embeddedness on Negative Shocks ［J］. *Journal of Vocational Behavior*, 2010, 76 (1): 42 –51.

［33］ Bradburn N M. *The Structure of Psychological Well-being* ［M］. Chicago: Aldine, 1969, 44 (3) .

［34］ Brief A P, Motowidlo S J. Prosocial Organizational Behaviors ［J］. *Academy of Management Review*, 1986, 11 (4): 710 –725.

［35］ Brown E A, Thomas N J, Bosselman R H. Are They Leaving or Staying: A Qualitative Analysis of Turnover Issues for Generation Y Hospitality with Education ［J］. *International Journal of Hospitality Management*, 2015 (4): 130 –137.

［36］ Caprara G V, Pastorelli C, Scabini E, Bandura A. Impact of Adolescents' Filial Self-Efficacy on Quelity of Family Functioning and Satisfaction ［J］. *Journal of Research on Adolescence*, 1999, 15 (1): 71 –97.

［37］ Caprara G V, Steca P. The Contribution of Self-regulatory Efficacy Beliefs in Managing Affect and Family Relationships to Positivity and Hedonic Balance ［J］. *Journal of Social and Clinical Psycholofy*. 2006, 25 (6): 603 –627.

［38］ Caprara G V, Caprara M, Steca P. Personality's Correlates of Adult Development and Aging ［J］. *European Psychologist*. 2003 (8): 131 –147.

［39］ Caprara G V, Gerbino M. Affective Perceived Self-efficacy: The Capacity to Regulate Negative Affect and to Express Positive Affect ［J］. Self-efficacy assessment 2001: 35 –50.

［40］ Caprara G V, Giunta L. , Eisenberg N, et al. Assessing Regulatory Emotional Self-Efficacy in Three Countries ［J］. *Psychological Assessment*. 2008, 20 (3): 227 –237.

［41］ Caprara G V, Fida R, Vecchione M, et al. Longitudinal Analysis of the Role of Perceived Self-efficacy for Self-regulated Learning in Academic Continuance and Achievement ［J］. *Journal of Educational Psychology*, 2008, 100 (3): 525 –534.

［42］ Caprara G V, Scabini E, Barbarabelli C, et al. Perceived Emotional and Interpersonal Self-efficacy and Good Social Functioning ［J］. *Giornale Italiano Psicologia*, 1999 (26): 769 –789.

［43］ Cavanaugh M A, Noe R A. Antecedents and Consequences of Relational Components of the New Psychological Contract [J]. *Journal of Organizational Behavior*, 1999, 20 (3): 323 – 340.

[44] Chen Z X, Francesco A M. Employee Demography, Organizational Commitment, and Turnover Intentions in China: Do Cultural Differences Matter? [J]. *Human Relations*, 2000, 53 (6): 869 – 887.

[45] Cheng S T. Age and Subjective Well-being Revisited: A Discrepancy Perspective [J]. *Psychol Aging.* 2004, 19 (3): 409 – 415.

[46] Cohen A. Organizational Commitment and Turnover: A Met A-Analysis [J]. *Academy of Management Journal*, 1993, 36 (5): 1140 – 1157.

[47] Cohen-Charash Y, Spector P E. The Role of Justice in Organizations: A Meta-analysis [J]. *Organizational Behavior and HumanDecision Processes*, 2001, 86 (2): 278 – 321.

[48] Cole P M, Martin S E, Dennis T A. Emotion Regulation as a Scientific Construct: Methodological Challenges and Direction for Child Development Research [J]. *Child Development*, 2004 (75): 317 – 333.

[49] Costa P T, McCrae R R. Influence of Extraversion on Subjective Well-being: Happy and Unhappy People [J]. *Journal of Personality and Social Psychology*, 1980, 38 (4): 668 – 678.

[50] Cote S, Morgan L M. A Longitudinal Analysis of the Association Between Emotion Regulation, Job Satisfaction, and Intentins to Quit [J]. *Journal of Organizational Behavior*, 2002, 23 (8): 947 – 962.

[51] Cotton J L, Tuttle J M. Employee Turnover: A Meta-Analysis and Review with Implications for Research [J]. *Academy of Management Review*, 1986, 11 (1): 55 – 70.

[52] Cox T H, Blake S. Managing Cultural Diversity: Implications for Organizational Competitiveness [J]. *Academy of Management Executive*, 1991, 5 (3): 45 – 56.

[53] Crites J O. Career Maturity [J]. *Ncme Measurement in Education*, 1973 (4): 8.

[54] Cropanzano R, Howes J C, Grandey A A, et al. The Relationship of Organizational Politics and Support to Work Behaviors, Attitudes, and Stress [J]. *Journal of Organizational Behavior*, 1997, 18 (2): 159 – 180.

[55] Crossley C D, Bennett R J, Jex S M, et al. Development of a Global Measure of Job Embeddedness and Integration into a Traditional Model of Voluntary Turnover [J]. *Journal of Applied Psychology*, 2007, 92 (4): 1031 – 1042.

[56] Dalton D R, Todor W D. Turnover Turned Over: An Expanded and Positive Perspective [J]. *Acad Management Rev*, 1979, 4 (2): 225 – 235.

[57] Daly J P, Geyer P D. The Role of Fairness in Implementing Large-scale Change:

Employee Evaluations of Process and Outcome in Seven Facility Relocations [J]. *Journal of Organizational Behavior*, 1994, 15 (7): 623 – 638.

[58] David R T. A General Inductive Approach for Analyzing Qualitative Evaluation Data [J]. *American Journal of Evaluation*, 2006, 27 (2) : 237 – 246.

[59] Diener E. Subjective Well-being: The Science of Happiness and Proposal for National Index [J]. *American Psychologist*, 2000, 55 (1): 34.

[60] D G Allen. Do Organizational Socialization Tactics Influence Newcomer Embeddedness and Turnover? [J]. *Journal of Management*, 2006, 32 (2): 237 – 256.

[61] Diener E, Eunkook M S, Richard E, et al. Subjective Well-being Three Decades of Progress [J]. *Psychological Bulletin*, 1999, 125 (2): 276 – 294.

[62] Diener E, Fujita F. Resources, Personal Strivings and Subjective Well-being. A Nomothetic and Idiographic Approach [J]. *Journal of Personality and Social Psychology*, 1995, 68 (5): 926 – 935.

[63] Diener E, Diener M. Cross-Cultural Correlates of Life Satisfaction and Self-Esteem [J]. *Journal of Personality and Social Psychology*, 1995 (68): 653 – 663.

[64] Diener E, Eunkook M S, Richard E, et al. Subjective Well-Being: Three Decades of Progress [J]. *Psychology Bulletin*, 1999, 125 (2): 276 – 294.

[65] Diener E, Oishi S. Recent Findings on Subjective Well-being [J]. *Indian Journal of Clinical Psychology*, 1997 (24): 25 – 41.

[66] Diener E, Sapyta J S, Suh E. Subjective Well-being is Essentialto Well-being [J]. *Psychological In-quiry*, 1998, 9 (1): 33 – 37.

[67] Diener E. Subjective Well-being [J]. *Psychology Bulletin*, 1984, 95 (2): 542 – 575.

[68] Diener E. *Subjective Well-Being and Personality* [M]. The Plenum Series in Social/Clinical Psychology, New York: Plenum Press, 1998: 311 – 334.

[69] Diener E D, Emmons R A, Larsen R J, The Satisfaction with Life Scale [J]. *Journal Of Personality*, 1985.

[70] Diener E, Suh E M. Culture and Subjective Well-being [M]. *Cambridge*, MA: MIT press, 2000.

[71] Dienesch R M, Liden R C. Leader-Member Exchange Model of Leadership: A Critique and Further Development [J]. *Academy of Management Review*, 1986, 11 (3): 618 – 634.

[72] Di Tella R, MacCulloch R J, Oswald A J. Preferences Over Inflation and Unemployment: Evidence from Surveys of Happiness [J]. *American Economic Review*, 2001, 91 (1): 335 – 341.

[73] Dunn, E. W. , Aknin, L. B. , & Norton, M. I. (2008) . Spendi Money on Oth-

ers Promotes Happiness ［EB/OL］. Science, 311687 – 1688. Retrieved may 18, 2010, from http：//wwsciencemag. org/cgi/content/abstract/319/5870/1687.

［74］ Durkheim E. *Suicide* ［M］. London：Routledge, 1951：202.

［75］ Easterlin R A. Does Economic Growth Improve the Human Lot? Some Empirical Evidence ［M］. New York and London：Academic Press, 1974：89 – 125.

［76］ Edwards J R, Rothbard N P. , Work and Family Stress and Well-Being：An Examination of Person-Environment Fit in the Work and Family Domains ［J］. *Organizational Behavior and Human Decision Processes*, 1999, 77 (2)：85 – 129.

［77］ Eisenberger R, Fasolo P, Davislamastro V, et al. Perceived Organizational Support and Employee Diligence, Commitment, and Innovation ［J］. *Journal of Applied Psychology*, 1990, 75 (1)：51 – 59.

［78］ Eisenberger R, Stinglhamber F, Vandenberghe C, et al. Perceived Supervisor Support：Contributions to Perceived Organizational Support and employee Retention ［J］. *Journal of Applied Psychology*, 2002, 87 (3)：565 – 573.

［79］ Eisenberger R I, Huntington R, Hurehisom S, et al. Perceived Organizational Support ［J］. *Journal of Applied Psychology*, 1986, 71 (2)：500 – 507.

［80］ Eisenhardt M K. Building Theories from Case Study Research ［J］. *Academy of Management Review*, 1989, 14 (4)：532 – 550.

［81］ Ellemers N, De Gilder T C, Den Heuvel H V, et al. Career-oriented Versus Team-oriented Commitment and Behavior at Work ［J］. *Journal of Applied Psychology*, 1998, 83 (5)：717 – 730.

［82］ Epstein A E, Ellenbogen K A, Kirk K A, et al. Clinical Characteristics and Outcome of Patients with High Defibrillation Thresholds：A Multicenter Study ［J］. *Circulation*, 1992, 86 (4)：1206 – 1216.

［83］ Felps W, Mitchell T R, Hekman D R, et al. Turnover Contagion：How Coworkers' Job Embeddendness and Job Search Behaviors Influence Quitting ［J］. *Academy of Management Journal.* 2009, 52 (3)：545 – 561.

［84］ Fink J S, Cunningham G B, Sagas M. Job Embeddedness：Effects on Coaches' Turnover Intentions ［J］. Research Quarterly for Exercise and Sport, 2003, 74 (3)：86 – 7.

［85］ Firth H, Britton P. Burnout, Absence and Turnover Amongst British Nursing Staff ［J］. *Journal of Occupational Psychology*, 1989 (62)：55 – 60.

［86］ Francis L J. et al. Happiness as Stable Extraversion：A Cross-cultural Examination of the Reliability and Validity of the Oxford Happiness Inventory Among Students in the U. K, U. S. A. , Australia and Canada ［Z］. Personality and Individual Differences, 1998, 24

(2): 167 – 171.

［87］Gaertner S, Robinson J. Structural Determinants of Job Satisfaction and Organizational Commitment in Turnover Models ［J］. *Human Resource Management Review*, 1999, Vol. 9, pp. 479 – 93.

［88］George G H. Human Needs and Satisfactions A Global Survey ［J］. *Oxford Journals Social Sciences Public Opinion Quarterly*, 1976, 40 (4): 459 – 467.

［89］George J M, Jones G R. The Experience of Work and Turnover Intentions: Interactive Effects of Value Attainment, Job Satisfaction, and Positive Mood ［J］. *Journal of Applied Psychology*, 1996, 81 (3): 318 – 325.

［90］George L M, Landerman R. Health and Subjective Well-being: A Replicated Secondary Data Analysis ［J］. *International Journal of Aging and Human Development*, 1984, 19 (2): 133 – 156.

［91］Geurts S A, Schaufeli W B, De Jonge J, et al. Burnoutand Intention to Leave Among Mental Health-Care Professionals: A Social Psychological Approach ［J］. *Journal of Social and Clinical Psychology*, 1998, 17 (3): 341 – 362.

［92］Gibbons D E. Friendship and Advice Networks in the Context of Changing Professional Values ［J］. *Istrative Science Quarterly*, 2004, 49: 238 – 262.

［93］Ginzberg M H. A Theory of Career Process ［J］. *Vocational Guidance Quarterly*, 1951, 18 (3): 69 – 72.

［94］Gouldner A W. The Norm of Reciprocity: A Preliminary Statement ［J］. *American Sociological Review*, 1960, 25 (2): 161 – 178.

［95］Granoretter. Economic Action and Social Structure: the problem of embeddeness ［J］. *America Journal of Sociology*, 1985, 91 (3): 481 – 510.

［96］Granoretter M, Swedberg R. The Sociology of Economical life ［C］. Boulder. Colorado: Westview. Press, 1992.

［97］Greenhaus J H, Callanan G A. Career Management ［J］. *International Journal of Career Management*, 1995, 7 (7): 3 – 12.

［98］Griffeth R W, Hom P W, Gaertner S, et al. A Meta-Analysis of Antecedents and Correlates of Employee Turnover: Update, Moderator Tests, and Research Implications for the Next Millennium ［J］. *Journal of Management*, 2000, 26 (3): 463 – 488.

［99］Griffeth R W, Hom P W. The Employee Turnover Process ［J］. *Research in Personnel & Human Resources Management*, 1995, 13: 245 – 293.

［100］Gross J J. Sharpening the Focus: Emotion Regulation, Arousal, and Social Competence ［J］. *Psychological Inquiry*, 1998, 9 (4): 287 – 290.

[101] Gross J J, Levenson, R W. Emotional Suppression-Physiology, Self-report, and Expressive Behavior [J]. *Journal of Personality and Social Psychology*, 1993 (64): 970 – 986.

[102] Gross J J, John O P. Individual Differences in Two Emotion Regulation Processes: Implications for Affect, Relationships, and Well-being [J]. *Journal of Personality and Social Psychology*, 2003, 85 (2): 348 – 362.

[103] Gross J J. The Emerging Field of Emotion Regulation: an Integrative Review [J]. *Review of General Psychology*, 1998 (2): 271 – 299.

[104] Guzzo R A, Noonan K A, Elron E, et al. Expatriate Managers and the Psychological Contract. [J]. *Journal of Applied Psychology*, 1994, 79 (4): 617 – 626.

[105] Halbesleben J, Wheeler A. The Relative Roles of Engagement and Embeddedness in Predicting Job Performance and Intention to Leave [J]. *Work & Stress*, 2008, 22 (3): 242 – 256.

[106] Hall D T. The Protean Career: A Quarter Century Journey [J]. *Journal of Vocational Behavior*, 2004 (65): 1 – 13.

[107] Hallberg U E, Schaufeli W B. "Same Same" But Different? Can Work Engagement Be Discriminated from Job Involve-ment and Organizational Commitment? [J]. *European Psycholo-gist*, 2006, 11 (2): 119 – 127.

[108] Haring M J, Stock W A, Okun M A, Research Synthesis of Gender and Social as Correlates of Subjective Well-being [J]. *Human Relations*, 1984, 37 (8): 645 – 657.

[109] Harris K J, Wheeler A R, Kacmar K M. The Mediating Role of Organizational Job Embeddedness in the LMX-outcomes Relationships [J]. *The Leadership Quarterly*, 2011, 22: 271 – 281.

[110] Harrison D A, Virick M, William S. Working Without a Net: Time, Performance, and Turnover Under Maximally Contingent Rewards [J]. *Journal of Applied Psychology*, 1996, 81 (4): 331 – 345.

[111] Hawryluk R J, Adler H, Alling P, et al. Confinement and Heating of a Deuterium-tritium Plasma [J]. *Physical Review Letters*, 1994, 72 (22): 3530 – 3533.

[112] Heady B. Subjective well-being: Revisions to Dynamic Equilibrium Theory Using National Panel Data and Panel Regression Methods [J]. *Social Indicators Research*, 2006, (79): 369 – 403.

[113] Headey B, Wearing A. Personality, Life Events, and Subjective Well-being: Toward a Dynamic Equilibrium Model [J]. *Journal of Personality and Social Psychology*, 1989, 57 (4): 731.

[114] Helliwell J F, Huang H. How's Your Government? International Evidence Linking

Good Government and Well-being ［J］. *British Journal of Political Science*, 2008, 38 (4): 595 – 619.

［115］ Hellman C M. Job Satisfaction and Intent to Leave ［J］. *Journal of Social Psychology*, 1997, 137 (6): 677 – 689.

［116］ Hirschman A O. The Changing Tolerance for Income Inequality in the Course of E-conomic Development, with a Mathematical Appendix by Michael Rothschild ［J］. *Quarterly Journal of Economics*, 1973, 87 (4): 544 – 566.

［117］ Holtom B C, Inderrieden E J. Integrating the Unfolding Model and Job Embeddedness Model to Better Understand Voluntary Turnover ［J］. *Journal of Management Issues*, 2006, 18 (4): 435 – 452.

［118］ Hom P W, Griffeth R W. Employee Turnover ［J］. *Process, Research In Personnel and Human Resources Management*, 1994, 3 (2): 116 – 118.

［119］ Hom P W, Griffeth R W, Sellaro C L. The Validity of Mobley's (1977) Model of Employee Turnover ［J］. *Organizational Behavior And Human*, 1984, 34 (2): 141 – 174.

［120］ Hom P W, Griffeth R W. *Employee Turnover* ［M］. Southwestern College Publishing Co. Inc. , 1995.

［121］ Hom P W, Tsui A S, Wu J B et al. , Explaining Employment Relationships With Social Exchange and Job Embeddedness ［J］. *Journal of Applied Psychology*, 2009, 94 (2): 277 – 297.

［122］ Homans G C. Social Behavior as Exchange ［J］. *American Journal of Sociology*, 1958, 63 (6): 597 – 606.

［123］ Hui C, Graen G. Guanxi and Peofessional Leadership in Contemporary Sino-American Joint Ventures in Mainland China ［J］. *The Leadership Quarterly*, 1997, 8 (4): 451 – 465.

［124］ Hulin C M. Alternative Opportunities and Withdrawal Decisions: Empircal and Theoretical Discrepancies and an Integration ［J］. *Psychological Bulletin*, 1955, (97): 233 – 250.

［125］ Huseman R C, Hatfield J D, Miles E W. Test For Individual Perceptions of Job Equality: Some Preliminary Findings ［J］. *Perceptual & Motor Skills*, 1985, 61 (3): 1055 – 1064.

［126］ Igbaria M, Greenhaus J H. The Career Advancement Prospects of Managers and Professionals: Are MIS Employees Unique? ［J］. *Decision Sciences*, 1992, 23 (2): 478 – 499.

［127］ Igbaria M, Iivari J. The Effects of Self-efficacy on Computer Usgae ［J］. *Omega*, 1995, 23 (6): 587 – 605.

［128］ Igharia M, Greenhaus J H. Determinants of MIS Employees Turnover Intentions: Astructural Equation Model. Association for Computing Machinery ［J］. *Communications of the*

ACM, 1992, 359 (2): 34 – 45.

[129] Iverson R D, Buttigieg D M. Affective, Normative and Continuance Commitment: Can the "Right Kind" of Commitment be Managed? [J]. *Journal of Management Studies*, 1999, 36 (3): 307 – 333.

[130] Iverson R D, Deery R S, Erwin P. Absenteeism in the Health Services Sector: A casual Model and Intervention Strategy [J]. Managing absenteeism: Analyzing and preventing labour absences, 1995: 257 – 294.

[131] Jackofsky E F. Turnover and Job Performance: An Integrated Process Model [J]. *Academy of Management Review*, 1984, 9 (1): 74 – 83.

[132] Jayasingle N, Spielman L, Cancellar D, et al. Predictors of Treatment Utilization in World Trade Center Attack Disaster Workers: Role of Race/ethnicity and Symptom Severity [J]. *International Journal of Emergency Mental Health*, 2005, 7 (2): 91.

[133] John O P, Gross J J. Healthy and Unhealthy Emotion Regulation: Personality Processes, Individual Differences, and Life Span Development [J]. *Journal of Personality*, 2004, 72 (6): 1301 – 1333.

[134] Johnston W J, Leach M P, Liu A H. Theory Testing Using Case Studies in Business-to-business Research [J]. *Industrial Marketing Management*, 1999, 28: 201 – 213.

[135] Karatepe O M. The Effects of Work Overload and Work-family Conflict on Job Embeddedness and Job Performance The Mediation of Emotional Exhaustion [J]. *International Journal of Contemporary Hospitality Management*, 2013, 25 (4): 614 – 634.

[136] Karatepe O M, Vatankhahs. The Effects of High Performance Work Practices and Job Embeddedness on Flight Attendants' Performance Outcomes [J]. *Journal of Air Transport Management*, 2014, 37: 27 – 35.

[137] Kaufmann D, Kraay A C, Mastruzzi M. *Governance Matters IV: Governance Indicators for* 1996 – 2004 [M]. Washington, World Bank, 2005.

[138] Keyes C L M. Social Well-being [J]. *Social Psychology Quarterly*, 1998, 61 (2): 121 – 140.

[139] Kline R B. Software Review: Software Programs for Structural Equation Modeling: Amos, EQS, and LISREL [J]. *Journal of Psychoeducational Assessment*, 1998, 16 (4): 343 – 364.

[140] Koh H C, Goh C T. An Analysis of the Factors Affecting the Turnover Intention of Non-managerial Clerical Workers: A Singapore Study [J]. *The International Journal of Human Resource Management*, 1995, 6 (1): 37 – 45.

[141] Koivumaa-Honkanen H, Kaprio J, Honkanen R J, et al. The Stability of Life Sat-

isfaction in a 152 Year Follow up of Adult Finns Healthy at Baseline [J]. *BMC Psychiatry*, 2005, 5 (1): 1 - 8.

[142] Kotter J P. The Psychological Contract: Managing the Joining-Up Process [J]. *California Management Review*, 1973, 15 (3): 91 - 99.

[143] Krackhardt D, Porter L W. When Friends Leave: A Structural Analysis of the Relationship Between Turnover and Stayers' Attitudes [J]. *Administrative Science Quarterly*, 1985, 30 (2): 242 - 261.

[144] Krause N, Wulff K M. Church-Based Social Ties. A Sense of Belonging in a Congregation and Physical Health Status [J]. *International Journal for the Psychology of Religion*, 2005, 15 (3): 73 - 93.

[145] Kyendibaiza F N. The Effect of Operant Competences, Role Clarity, Psychological Contract, Organisational Justice, Organisational Commitment on Organisational Citizenship Behavior [D]. *Makerere University*, 2009.

[146] Lanctot N, Hess U. The Timing of Appraisals [J]. *Emotin*, 2007, 7 (1): 207 - 212.

[147] Lawton M P. The Phiadelphia Center Morale Scale: A Revision [J]. *Journal of Gerontology*, 1975 (30): 85 - 69.

[148] Lee K N. Appraising Adaptive Management [J]. *Conservation Ecology*, 1999, 3 (2).

[149] Lee T W, Mitchell T R, Wise L, et al. An Unfolding Model of Voluntary Employee Turnover [J]. *Academy of Management Journal*, 1996, 39 (1): 5 - 36.

[150] Lee T W, Mitchell T R. An Alternative Approach: the Unfolding Model of Voluntary Employee Turnover [J]. *Academy of Management Review*. 1994, 19 (1): 51 - 89.

[151] Lee T W, Sablynski C J, Burton J P, et al. The Effects of Job Embeddedness on Organizational Citizenship, Job Performance, Volitional Absences, and Voluntary Turnover [J]. *Academy of Management Journal*, 2004 (5): 711 - 722.

[152] Levs, Koslowsky M On-the-job Embeddedness as a Mediator between Conscientiousness and School Teachers' Contextual Performance [J]. *European Journal of Work and Organizational Psychology*, 2012, 21 (1): 57 - 83.

[153] Levin I, Stock J. Dispositional Approach to Job Attitudes: Role of Negative Affectivity [J]. *Journal of Applied Psychology*, 1989, 74: 752 - 758.

[154] Levinson H. Reciprocation: The Relationship between Man and Organization [J]. *Administrative Science Quarterly*, 1965, 9 (4): 370 - 390.

[155] Lim, Putnam. *Praying alone is no Fun: Religion, Socialnetworks, and Subjective*

Well-being [M]. Harvard University: mimeo, 2008.

[156] Lowe R H, Vodanovich S J. A Field Study of Distributive and Procedural Justice as Predictors of Satisfaction and Organizational Commitment [J]. *Journal of Business & Psychology*, 1995, 10 (1): 99 – 114.

[157] Lucas R E, Diener E, Such E. Discriminative Validity of Well-being Measures [J]. *Journal of Personality and Social Psychology*, 1996, 71 (3): 616 – 628.

[158] Macey W H, Schneider B. Engaged in Engagement: We are Delighted We Did It. [J]. *Industrial & Organizational Psychology*, 2008, 1 (1): 76 – 83.

[159] Mallol C M, Holtom B C, Lee T W. Job Embeddedness: In a Culturally Diverse Environment [J]. *Journal of Business and Psychology*, 2007, 22 (1): 35 – 44.

[160] March J G, Simon H A. Organizations [J]. *Social Science Electronic Publishing*, 1958, 2 (1): 105 – 132.

[161] March J G, Simon H A. *Organizations* [M]. New York: Wiley, 1958.

[162] Marks H R, Kitayama S, Heiman R. Culture and Basic Psychological Principles [J]. *Social Psychology. Handbook of Basic Principles*, 1996 (8): 857 – 913.

[163] Masterson S S, Lewis K, Goldman B M, et al. Integrating Justice and Social Exchange: The Differing Effects of Fair Procedures and Treatment on Work Relationships [J]. *Academy of Management Journal*, 2000, 43 (4): 738 – 748.

[164] Masterson S S. A Trickle-down Model of Organizational Justice: Relating Employees' and Customers' Perceptions of and Reactions to Fairness [J]. *Journal of Applied Psychology*, 2001 (86): 594 – 604.

[165] Mathieu J E, Zajac D M. A Review and Meta-analysis of the Antecedents, Correlates, and Consequences of Organizational Commitment. [J]. *Psychological Bulletin*, 1990, 108 (2): 171 – 194.

[166] Mayer R C, Schoorman F D. Predicting Participation and Production Outcomes through a Two Di mensional Model of Organizational Commit ment [J]. *Academy of Management Journal*, 1992, 35 (3): 671 – 684.

[167] Meyer J P, Allen N J. Links between Work Experiences and Organizational Commitment During the First Year of Employment: A Longitudinal Analysis [J]. *Journal of occupational psychology*, 1986, (2): 195 – 209.

[168] Miller J G. Cultural Diversity in the Morality of Caring: Individually Oriented Versus Duty-based Interpersonal Moral Codes [J]. *Cross-Cultural Research*, 1994, 28 (1): 3 – 39.

[169] Mitchell T R, Holtom B C, Lee T W. Why People Stay: Using Job Embeddedness to Predict Voluntary Turnover [J]. *Academy of Management Journal*, 2001, 44 (6):

1102 – 1121.

［170］ Mobley W H, Griffeth R W, Hand H H, et al. Review and Conceptual Analysis of the Employee Turnover Process ［J］. *Psychological Bulletin*, 1979, 86 （3）: 493 – 522.

［171］ Mobley W H, Horner S O, Hollingsworth A T, et al. An Evaluation of Precursors of Hospital Employee Turnover ［J］. *Journal of Applied Psychology*, 1978, 63 （4）: 408 – 414.

［172］ Mobley W H. Some Unanswered Questions in Turnover and Withdrawal Research ［J］. *Academy of Management Review*, 1982, 7 （1）: 111 – 116.

［173］ Mobley R, Grifeth H. Hand. A Review and Conceptual Analysis of the Employee ［J］. *Turnover Process Psychological Bulletin*, 1979, （86）: 517.

［174］ Mobley W H. Intermediate Linkages in the Relationship between Job Satisfaction and Employee Turnover ［J］. *Journal of Applied Psychology*, 1977, 62: 237 – 240.

［175］ Morris J H, Sherman J D. Generalizability of an Organizational Commitment Model ［J］. *Academy of Management Journal*, 1981, 24 （3）: 512 – 526.

［176］ Morrison E W, Robinson S L. When Employees Feel Betrayed: A Model of How Psychological Contract Violation Develops ［J］. *Academy of Management Review*, 1997, 22 （1）: 226 – 256.

［177］ Mowday R T, Porter L W, Steers R M. Employee-organization Linkages: the Psychology of Commitment, Absenteeism, and Turnover ［J］. *American Journal of Sociology*, 1984, 38 （6）: 19 – 43.

［178］ Mowday, Richard T. Expectancy Theory Approaches to Faculty Motivation ［J］. *New Directions for Teaching & Learning*, 2010, 1982 （10）: 59 – 70.

［179］ Newman J E. Predicting Absenteeism and Turnover: A Field Comparison of Fishbein's Model and Traditional Job Attitude Measures ［J］. *Journal of Applied Psychology*, 1974, 59 （5）: 610 – 615.

［180］ Ng T W H, Feldman D C. Organizational Embeddedness and Occupational Embeddedness across Career Stages ［J］. *Journal of Vocational Behavior*, 2007, 70 （2）: 336 – 351.

［181］ Ng T W H, Feldman D C. The Impact of Job Embeddedness on Innovation-related Behaviors ［J］. *Human Resource Management*, 2010, 49 （6）: 1067 – 1087.

［182］ Ng. Happiness Studies: Ways to Improve Comparability and Some Public Policy Implications ［J］. *The Economic is Record*, 2010, 84 （265）: 253 – 266.

［183］ Nunnally J, *Psychometric Methods* ［M］, New York: McGraw-Hill, 1978.

［184］ Oreilly C A, Chatman J A, Caldwell D F, et al. People and Organizational Culture: A Profile Comparison Approach to Assessing Person-organization Fit ［J］. *Academy of*

Management Journal, 1991, 34 (3): 487 - 516.

[185] O'Reilly C A, Chatman J. Organizational Commitment and Psychological Attachment: The Effects of Compliance, Identification, and Internalization on Prosocial Behavior. [J]. *Journal of Applied Psychology*, 1986, 71 (3): 492 - 499.

[186] Park R, Assimilation B E. Introduction to the Science of Sociology [J]. *American Journal of Sociology*, 1921 (131): 1 - 12.

[187] Park R E, Buegess E W. *Introduction to the Science of Sociologe*. 1912. *Reprint* [M]. Chicago: The University of Chicago Press, 1969.

[188] Park, Robert E, Ernest W B. *Introduction to the Science of Sociology* [M]. Chicago : University of Chicago Press, 1921.

[189] Paul B Baltes, Neil J Smelser. *International Encyclopedia of the Social and Behavioral Sciences* [M]. Elsevier, 2001.

[190] Peltokorpi V. Job Embeddedness in Japanese Organizations [J]. *The International Journal of Human Resource Management*, 2013, 24 (8): 1551 - 1569.

[191] Penley L E, Gould S. Etzioni's Model of Organizational Involvement: A Perspective for Understanding Commit ment to Organizations [J]. *Journal of Organizational Behavior*, 1988, 9 (1): 43 - 59.

[192] Peter W, Hom, Anne S, et al. Explaining Employment Relationships with Social Exchange and Job Embeddedness [J]. *Journal of Applied Psychology*, 2009, 94 (2): 277 - 297.

[193] Polanyi K. *The Great Transformation: The Political and Economic Origins of Our Time* [M]. Boston: Bca-con Press, 1944.

[194] Porter L W, Steers R M, Mowday R T, et al. Organizational Commitment, Job Satisfaction and Turnover Among Psychiatric Technicians [J]. *Journal of Applied Psychology*, 1974, 59 (5): 603 - 609.

[195] Perovic L M, Golem S. Investigating Macroeconomic Deter Minan is of Happiness in Transition Countries: How Important is Government Expenditure? [J]. *Eastern European Economics*, 2010, 48 (4): 59 - 75.

[196] Price J L. Reflections on the Determinants of Voluntary Turnover [J]. *Journal of International Manpower* (Forthcoming), 2001 (12): 115 - 141.

[197] Price J L. Reflections on the Determinants of Turnover [J]. *International Journal of Manpower*, 2000 (22): 600 - 624.

[198] Price J L. *The Study of Turnover* [M]. Ames: Iowa State University Press, 1977.

[199] Quarles R. An Examination of Promotion Opportunities and Evaluation Criteria as

Mechanisms for Affecting Internal Auditor Commitment, Job Satisfaction and Turnover Intentions [J]. *Journal of Managerial Issues*, 1994, 6 (2): 176 –194.

[200] Richards J M, Gross J J. Personality and Emotional Memory: How Regulating Emotion Impairs Memory for Emotional Events [J]. *Journal of Research in Personality*, 2006, 40 (5): 631 –651.

[201] Richardson L, Le Grand J. Outsider and Insider Expertise: The Response of Residents of Deprived Neighborhoods to an Academic Definition of Social Exclusion [J]. *Social Policy and Administration*, 2002, 36 (5): 496 –515.

[202] Robinson S L. Trust and Breach of the Psychological Contract [J]. *Administrative Science Quarterly*, 1996, 41 (4): 574 –599.

[203] Rosenbaum J E. Career Mobility in a Corporate Hierarchy [J]. 1984.

[204] Rousseau D M, Mclean P J. The Contracts of Individuals and Organizations [J]. *Research in Organizational Behavior*, 1993, 15 (6): 1 –43.

[205] Ruiz V M. The Five Factor Model of Personality, Subjective Well-being, and Social Adaptation [J]. *Generalizability to the Spanish context*, 2005, 96 (3): 863 –866.

[206] Runciman W G. Relative Deprivation and Social Justice, Reports of the Institute of Community Studies [R]. Outledge and Kegan Paul, London Boston and Henley, 1966.

[207] Russell J, Carroll J. On the Bipolarity of Positive and Negative Affect [J]. *Psychological Bulletin*, 1999, 125 (1): 3 –30.

[208] Ryan R M, Deci E L. Self-determination Theory and the Facilitation of Intrinsic Motivation, Social Development, and Well-Being [J]. *American Psychologist*, 2000, 55 (1): 68 –78.

[209] Ryff C D. The Structure of Psychological Well-being Revisited [J]. *Journal of Personality and Social psychology*, 1995, 69 (4): 719 –727.

[210] Schein E H. *Organizational Psychology* [M]. New Jersey: Prentice-Hall, 1965.

[211] Schein E H. Career Dynamics: Matching Individual and Organizational Needs [J]. *Addison-Wesley*, 1978: 270 –276.

[212] Schneider B. The People Make the Place [J]. *Personnel Psychology*, 1987, 40 (3): 437 –453.

[213] Schwarzer R. Leppin A Social Support and Health: a Theoretical and Empirical Overview [J]. *Journal of Social and Personal Relationships*, 1991, 8 (1): 99 –127.

[214] Scott R A. Deviance, Sanctions, and Social Integration in Small-Scale Societies [J]. *Social Force*, 1976, 54 (3): 604 –620.

[215] Sekiguchi T, Burton J P, Sablynski C J. The Role of Job Embeddedness on Em-

ployee Performance: The Interactive Effects with Leader-member Exchange and Organization-based Self-esteem [J]. *Personnel Psychology*, 2008, 61 (4): 761 –792.

[216] Shen Y, Hall D T. When Expatriates Explore Other Options: Retaining Talent through Greater Job Embeddedness and Repatriation Adjustment [J]. *Human Resource Management*, 2009, 48 (5): 793 –816.

[217] Sheridan J E, Abelson M A. Cusp-catastrophe Model of Employee Turnover [J]. *Academy of Management Journal*, 1983, 26 (3): 418 –436.

[218] Shin D C, Johnson D M. Avowed Happiness as an Overall Assessment of the Quality of Life [J]. *Social Indicators Research*, 1978 (5): 475 –492.

[219] Somers M J. Modeling Employee Withdrawal Behaviour Ovetime: A Study of Turnover Using Survival Analysis [J]. *Journal of Occupational and Organizational Psychology*, 1996 (4): 315 –326.

[220] Steers R M, Mowday R T, Poter L W. Employee Turnover and Post-decision Accommodation Processes. In Cummings L. L. Staw B. M. (Eds.), Research in organizational behavior (1981 (3), pp237 –249) . Greenwich, CT: JAI Press. Google Scholar.

[221] Stinglhamber F, Vandenberghe C. Organizations and Supervisors as Sources of Support and Targets of Commitment: A Longitudinal Study [J]. *Journal of Organizational Behavior*, 2003, 24 (3): 251 –270.

[222] Suh E M. Culture, Identity Consistency, and Subjective Well-being [J]. *Journal of Personality and Social Psychology*, 2002, 83 (6): 1378 –1390.

[223] Sun E, Diener E, Oishi S et al. The Shifting Basis of Life Satisfaction, Judgments Across Cultures: Emotions Versus Norms [J]. *Journal of Personality and Social Psychology*, 1998, 74 (2): 482 –493.

[224] Super D E. Dimensions and Measurement of Vocational Maturity [J]. *Teachers College Record*, 1955, 57 (1): 151 –163.

[225] Super D E. A Life-span, Life-space Approach to Career Development [J]. *Journal of Vocational Behavior*, 1980 (16): 282 –298.

[226] Tainter J A, Allen T F, Little A, et al. Resource Transitions and Energy Gain: Contexts of Organization [J]. *Conservation Ecology*, 2003, 7 (3): 4.

[227] Tanova C. Using Job Embeddedness Factors to Explain Voluntary Turnover in Five European Countries [J]. *IRISS Working Paper*, 2008, 19 (9): 1553 –1568.

[228] Tellegen A, Lykken D T, Bouchand T J et al. Personality Similarity in Twin Reared Apart and Together [J]. *Journal of Personality and Social Psychology*, 1998, 54 (6): 1031 –1039.

［229］Tett R P, Meyer J P. Job Satisfaction, Organizational Commitment, Turnover Intention, And Turnover: Path analyses Based On Meta-Analytic Findings ［J］. *Personnel Psychology*, 2006, 46（2）: 259 – 293.

［230］Thibaut J W, Walker L. Procedural Justice: A Psychological Analysis ［N］. Duke Law Journal, 1975, 1977（6）.

［231］Thomas N, Martin J R. A Contextual Model of Employee Turnover Intentions ［J］. *Academy of Management Journal*, 1979, 22（2）.

［232］Thompson R A. Emotion Regulation and Emotional Development ［J］. Educational Psychological Review, 1991,（3）: 269 – 307.

［233］Torgoff L R. Adolescent Life Satisfaction and Life Events ［D］. Wayne State University, 1979: 13.

［234］Treiandis H C, Bontempo R, Villareal M J, et al. Individualism and Collectivism: Cross-cultural Perspectives on Self-in-group Relationships ［J］. *Journal of Personality and Social Psychology*, 1988, 54（2）: 323 – 338.

［235］Tremblay M, Sire B, Balkin D B. The Role of Organizational Justice in Pay and Employee Benefit Satisfaction, and Its Effects on Work Attitudes ［J］. *Cirano Working Papers*, 2000, 25（3）: 269 – 290.

［236］Tumley W H, Feldman D C. Re-examining the Effects of Psychological Contract Dissatisfaction as Mediators ［J］. *Journal of Organizational Behavior*, 2000, 21（1）: 25 – 42.

［237］Turnley W H, Feldman D C. The Impact of Psychological Contract Violations on Exit, Voice, Loyalty, and Neglect ［J］. *Human Relations*, 1999, 52（7）: 895 – 922.

［238］Veenhoven R. *Conditions of Happiness* ［M］. Dordrecht, Holland: Reidel, 1984.

［239］Viswesvaran C, Ones D S. Examining the Construct of Organizational Justice: A Meta-Analytic Evaluation of Relations with Work Attitudes and Behaviors ［J］. *Journal of Business Ethics*, 2002, 38（3）: 193 – 203.

［240］Wagner D G, Berger J. Do Sociological Theories Grow? ［J］. American Journal of Sociology, 1985, 90（4）: 697 – 728.

［241］Watson D, Tellegen A. Toward a Consensual Structure of Mood ［J］. *Psychological Bulletin*, 1985, 98（2）: 219 – 235.

［242］Wayne S J, Shore L M, Liden R C, et al. Perceived Organizational Support and Leader-Member Exchange: A Social Exchange Perspective ［J］. *Academy of Management Journal*, 1997, 40（1）: 82 – 111.

［243］Wehrle T, Kaiser S, Schmidt S, et al. Studying the Dynamics of Emotional Expression Using Synthesized Facial Muscle Movements ［J］. *Journal of Personality & Social Psy-*

chology, 2000, 78 (1): 105.

[244] Wheeler A R, Harris K J, Harvey, P. Moderating and Mediating the HRM Effectiveness-Intent to Turnover Relationship: The Roles of Supervisors and Job Embeddedness [J]. *Journal of Managerial Issues*, 2010, 22 (2): 182 – 196.

[245] Wijayanto, B R, Kismono G. The Effect of Job Embeddedness on Organizational Citizenship Behavior: The Mediating Role of Sense of Responsibility [J]. *Gadjah Mada International Journal of Business*, 2004, 6 (2004): 335 – 354.

[246] Will F, Terence R M, David R H, et al. Turnover Contagion: How Coworkers Job Embeddedness and Job Search Behaviors Influence Quitting [J]. *Academy of Management Journal*, 2009 (3): 545 – 561.

[247] Wu H, Ge C X, Sun W, et al. Depressive Symptoms and Occupational Stress Among Chinese Female Nurses: The Mediating Effects of Social Support and Rational Coping [J]. *Research in Nursing & Health*, 2011, 34 (5): 401 – 407.

[248] Wong C K, Wong K Y, Mok B H. Subjective Well-being, Societal Condition and Social Policy-the Case Study of a Rich Chinese Society [J]. *Social Indicators Research*, 2006 (78): 405 – 428.

[249] Yin R. *Case Study Research: Design and Methods* (3rd edition) [M]. Thousands Oaks: Sage Publications, 2003.

[250] Zeffane R M. Understanding Employee Turnover: The Need for a Contingency Approach [J]. *International Journal of Manpower*, 1994, 15 (9): 22.

[251] Zhao L, Lu Y, Wang B, et al. Cultivating the Sense of Belonging and Motivating User Participation in Virtual Communities: A Social Capital Perspective [J]. *International Journal of Information Management*, 2012, 32 (6): 574 – 588.

[252] Zhao X W, Sun T, Cao Q R, et al. The Impact of Quality of Work Life on Job Embeddedness and Affective Commitment and Their Co-effect on Turnover Intention of Nurses [J]. *Journal of Clinical Nursing*, 2012, 22 (5 – 6): 780 – 788.

[253] Zukin S, DimaggioI P. *Structures of Capital: The Social Organization of Economy* [M]. Cam bridge: Cam-bridge University Press, 1990.